从谭鑫培到余叔岩

齐如山 著

Tan Xin Pei & Yu Shu Yan

回望丛书

黄山书社

目　录

谈谈谭叫天

谭鑫培（代序）

鑫培为咸丰间金奎科班学生，出科后，拜程长庚为师，搭入三庆班，但终因倒嗓未复原，乃改演武生，又因不为观众注意，乃与李顺亭、何桂山、李三（顺亭之兄）、刘景然诸人，往京东东陵马兰镇一带乡间去演，老生一行，由刘景然、李顺亭担任，谭则专演武生。同治末叶，方又回京，仍在三庆班演武生戏，并担任武行头。武行头这个名词，戏界人无不知，而此地的观众，则知者较少，兹无妨附带着谈几句。

中国之戏班，在清初以前，没有武戏，所有交战之戏，不过是略以见意，如对刀步战之打法是也，故无武行。清乾隆以后，排出《彭公案》《施公案》等戏来，又吸收了一部分武术，添了许多武术的打法，遂多了一种武行。因为这种人员，不会唱只会打，且有时勾脸，有时不勾，更有时兼扮女兵，没有生、旦、净、丑的分别，无行可归，故特名曰武行。戏班中约这种武行，不是每人都由戏班中接洽，都是由一人包办，此人即名曰武行头，戏班中无论用多少武行人员，或某戏某脚应扮某人等等，戏班管事人只与武行头接洽，由武行头再分派扮演。这种武行头，须有两种长处，方能胜任，一是自己技术能压群众，二是脑思清楚，调动有方，否则众人不服，谭之技术聪明，当然能够做到。但这种人才，都是只有武功，不长于念唱之辈，谭于光绪初年，嗓音已经大半恢复回来，当然不肯长当武行头，于是改唱老生，便成了一代的宗师。他所以能如此者，有两种极大的原因。一是他不但聪明，而且真能用功，二是他的机会好。兹把这两种都简单着说几句。

一是他有了一种很甜亮的嗓音，而又能择善而从，凡前辈脚色的长处，他差不多都能吸收，如《昭关》等悲壮苍凉的腔，则完全学程长庚；二六原板的活泼腔，学的卢胜奎；反二簧几个高腔，完全学的王九龄；快板的疙疸腔，学的冯瑞祥；做功表情，多学崇天云；飘洒的地方，是学的孙小六（上海脚）；甩须、甩发、耍翎子，乃学的鞑子红（梆子班名脚，搭瑞盛和班）。吸收了许多人的长处，又自己加以锤炼融化，遂成为一代的名脚。而又能养精蓄锐，不与前辈的名脚竞争，例如杨月楼在世，他不唱《探母》，崇天云在世，他不演《南天门》，这种情形多的很，不必尽举。他常议论，若想成为一个名脚，则必须有出人头地的地方，若想出人头地，则不可与老辈名脚竞争，凡他们唱红了的戏，你不可随便就演，倘你演出去，虽然卖了很大的精神气力，可是观众看了之后，说道不及某人，那你的声名，便吃了很大的亏，要想得好，最好是自己创造。他这些话，当然都不错，且也真能做的到。他说不可以与老脚竞争者，即是月楼在世，他不唱《探母》等等是也。他说须自创者，如《当锏卖马》，原为店主东正戏，经他一添改，便成秦琼的戏了。又如《搜孤救孤》，原是公孙杵臼的正戏，在三庆时演此戏，因为卢胜奎是前辈，永远卢去杵臼，谭去程婴，谭与卢商酌，他想添上两段唱功，卢慨然允诺，谭遂添上，以后便演成程婴的正戏了。如此者颇多，不必尽举，足见成一名脚，也不容易。

二是他机会好，当他嗓音恢复，刚露头角之际，名气最大的几位老生，如程长庚、余三胜、张二奎等，都相继去世；到他将要大红的时期，所有的名老生，如王九龄、崇天云、卢胜奎、华雨亭、刘贵庆、李四爸、张玉奎、杨月楼、冯瑞祥等等又都相继去世。与他同时，能叫座的老生，只有孙菊仙、龙长胜、许荫棠等数人。孙与许都是票友出身，不但没有靠把戏，而身段亦差，只靠唱功，故仍逊谭一筹；龙虽各戏都能，但气稍弱，与谭相抗，亦觉稍逊。若汪桂芬，则又较晚，按年龄汪比谭小十四岁，而且汪在长庚去世之后，方才唱红，彼时谭已享大名了，故谭常说，大头还算晚生后辈。因为彼时人才缺乏,所以他出名更较容易。

谭生于前清道光二十七年,卒于民国六年,号英秀,清宫中的名字,则是金福,因他父亲谭志道唱老旦不甚好,人呼为叫天,故管他叫小叫天,非美词也。光绪初年,已经很红,但彼时尚演武生,如光绪六年出版的《都门纪略》,所载各班脚色,三庆班则生为杨猴子、殷德瑞、卢台子三人。净则为何九、初连奎二人。小叫天则为武生等等。光绪十年之后,便以老生享名了,然仍不断带演武生。余有专谈谭鑫培一文,曾登《中央日报》,兹不多赘了。

(据《清代皮簧名脚简述》)

演员的六条件

前清光绪末叶以后，全国皮簧班中，唱老生的，差不多都是学谭的了，票界也是如此。这也不是偶然的，戏界出来这样一个人才，本来也不容易。戏界老辈常说，一个演员，须具有六个点：第一点，嗓音须好。第二点，会唱，有好嗓音，不会唱，等于驴叫，等于火车头高鸣；没有好嗓音，任凭唱多好，大家听不见，也是枉然。第三点，身材要好。第四点，动作要好。有好身材，动作不好，或简直不会动作，这叫做没有身段，直板板的，毫无可观；会动作，而身材不好，也难好看。比方旦脚身材短粗，是怎么着，也不会好看。第五点，面貌好。第六点，能表情。面貌好，不能表情，戏界名曰死脸，当然是没意思，倘会表情，而面貌不好，那是越表情，台下越讨厌。

谭叫天对于这六个点，虽然不能说完全都好，却都够优等的分数；身材虽微觉瘦小一些，但因为他神气的充足，动作的优美，也很能补救得过来。再加上他真能用心，真肯用功，则他成一名脚，为人所效法，又岂能算是偶然呢？这话又说回来啦，不过他仍然得算是有些幸运，他的幸运是什么呢？就是生的晚了十几年，等到他将要成名的时候，前辈好的老生，都先后去世。从前好的老生本来很多，如张二奎、程长庚、余三胜这三位，是大家都知道的。此外三庆班有卢胜奎(外号卢台子)、刘桂庆、华雨亭,四喜班有王九龄、李四巴、王仙舟,春台班有张玉奎、张奎官等等,同时又有杨月楼(虽系武生而老生,也极好)、张子久、灯笼程、崇天云、周春奎等等,倘叫天与这些人同时,则彼便不见得能享大名,至少也要减少若干身价。与他同时的,可以说只剩下孙菊仙、龙长胜、汪桂芬、许荫棠诸人,而桂芬不恒演,孙、龙、许之艺术,也总不及叫天较为完备,于是他乃得独享大名。

然在光绪年间,尚有许多工商界的老掌柜的们多瞧不起他,说他唱的没有出息,这是因为他们听惯了张二奎、程长庚等一般人之宏亮且沉着的嗓音,忽听叫天之唱,确是显着轻浮,但彼时学界政界之规矩人多不听戏,而恒观剧者,多是工商界人,所以他们批评议论,他有相当的力量,但他们说这话,却有点高自位置之意,言外是我曾看过好的。以下谈一谈叫天的身世。

身世与苦练

叫天,学名鑫培,宫里吃钱粮的名字,曰金福,号英秀,叫天乃袭乃父之外号也。其父名谭志道,与余三胜等一同由湖北到北京唱老旦,因声音不大好听,观众给他送了个外号,曰叫天,并非美名。鑫培出名之后,人遂以小叫天呼之,后来几国人皆知,乃变成美称了。有许多票友也自命为叫天,不知其为贬辞矣。

谭鑫培演《四郎探母》

叫天学徒的时候，已经露头角，因倒嗓之故，北京遂无班可搭，乃与何桂山、刘景然、李顺亭、李三（顺亭之兄）、钱宝丰几位往京东东陵马兰镇一带去演，所以有许多人说，他是乡下科班出身。这不能说完全靠不住，因为他的确是在乡间磨练过几年。初到乡间时，因嗓音欠佳，所以专演武生戏，老生一门，则归刘景然、李顺亭二人担任，演的很红。后因吊膀子的关系，干了众人之怒，非抓住叫天送县不可。叫天看势不好，幸有武功，藏于草室棚顶之上，幸免，乃于夜间逃回北京。

回京后，仍用功吊嗓，嗓音渐渐好转，然仍多演武生戏，例如《白水滩》一戏，便是拿手。当时除李春来之外，谁也演不过他。后来的武生，演这出戏，一直到现在，还没有能够赶上他的。杨小楼自有好处，但这出戏则不对味儿，毫无可观。叫天因嗓音渐次恢复，又兼演老生戏，后搭入三庆班，初尚多演武生，后渐渐归了老生行了。因搭三庆，所以他最初是完全学程长庚的。戏界老辈都说鑫培是学长庚的中年，汪桂芬是学长庚的老年，但鑫培绝顶聪明，又肯用功，极能吸收人的长处，这也是天才。他学长庚之外，也学卢胜奎，而卢胜奎，是善学余三胜的，则鑫培所唱，当然也有三胜的腔调气味在里头了。况鑫培因同乡汉调的关系，亦曾极力摩仿三胜，不但此也，如《南天门》一戏，则完全学崇天云，因崇亦曾搭三庆班，且腔调悠扬，做功细腻也。《空城计》学卢胜奎，而稍有变动。《珠帘寨》学余三胜，《定军山》学王九龄，兼学三胜，以上乃是成出的戏。至于他通体的艺术，则《昭关》一类，乃完全学长庚，但因自己音不对嗓功，所以不常演。二六板学卢胜奎，快板学冯瑞祥（以小名冯柱享名，搭过春台班，后入嵩祝成），飘洒学孙小六（上海名脚），反二簧几个高腔，完全学王九龄(《琼林宴》《问樵闹府》等身段,以至把鞋丢在头上也都是完全学九龄),甩发、甩须、耍翎子,学达子红(梆子腔名脚,姓梁,搭瑞盛和班),而又吸收了几个青衣的腔,聚若干人的长处,而又加以锤炼,方得自成一家。

以下再谈谈叫天演戏的经过。

两个得力助手

古人说过,人能借他人之长以补己之短,就是极大的本领。叫天真能学人,也真肯学人,这也是他人所不及的地方。倘只学了来,不能加以变化,所谓食古不化,囫囵吞枣,那是任凭你知道的怎样博,会的怎样多,也不会有什么成就的。近来学人的往往有此弊病。

叫天能变化,固然是他的天才,但是专靠他一人,也是不能成功的。有许多地方,也是靠人帮助,帮助他的是什么人呢?当然很多。最要紧的,就是给打鼓拉琴的两个人。本来这两行人,乃是与唱念动作,关系最密切的人员,又赶的他这两位都是极出名,数一数二的高手。

打鼓人姓耿(忽忘其姓氏,仿佛姓耿),在本界极有声望,人人佩服,都说他不但知道的多,且手下极灵活。

拉琴的即梅雨田,乃梅兰芳的伯父,能吹昆曲四百余出,胡琴拉的尤好，戏界人都说，乃百余年来的第一人。他们三个人，天天晚上，讨论研究，这个说这句应该怎么唱，那个说胡琴怎么托怎么补，那个又说，鼓怎么加点。这样的研究法，怎么会不能产生好腔调呢！

这里附带着说一件小笑话，因为这三个人都是各人有各人的技术，旗鼓相当，谁也不肯听命于人，讨论半天，大多数总是没有结果。末了必是有一人，假托说闲话，说：比方某一句，如果要这样唱，胡琴这样托，鼓这样打，大致必可以好听。这套话说完，也必没人回答。可是到第二天台上唱时，必定是如前一晚那一个比方的。倘若有一人说，咱们应该这样办，那是谁也不会听从的。总而言之，谁也不肯听谁的，可是每次讨论，总有好的结果。这当然是他们三人个性使然，大致也就是文人相轻之义，然亦足见他三人的知识技术都够且判断优劣的能力很强。为什么要这样的说法呢？由于三个人的主意，哪个的好，哪个的坏，三个人彼此都知道，只要某一人说的有理，彼二人便都很以为然，不过只是心中认可，而不肯输嘴耳。所以一有人用商量式的语气提出来，总可获致通过的。

以上这一段，可以作一个笑谈，无关宏旨。叫天倘无此二人，则很不容易成就大名。凡事都靠一种遇合，而绝非偶然的。且亦足可证明，无论自己有多大本领，无论何时何地，也免不了需要他人的帮助。语云:多师是我师,叫天可算做的到。如今演员,稍稍出点名,便自满的不得了,技术焉能再有进步?

以下再谈一谈叫天演戏的过程。

演戏的过程

叫天回京后,嗓音慢慢的回来了,声名也一天比一天好,而他自己仍感觉着自己的技术不够,乃想多学点老生戏,于是把武生戏搁下,不常演,一心专注重老生,并且琢磨,哪一出戏于自己对工,此乃叫天绝顶的聪明,也是令人极佩服的地方,在民国初年,我常同叫天闲谈,往往谈到他改唱老生的情形,说起话来,于得意之中,也很感慨。现在我把他对我说的话,约略写在下边,就知道他成功也不是容易的了。

唱老生的脚,最初用功,当然是应该由正生戏入手的,我(谭自称,下同)研究了几出正生戏,可是我身材瘦小,演着不对味儿,先把他搁下,再研究靠背戏。不但王帽戏自己觉得不对味儿,连《昭关》这路戏,演出来也不大合式。前头有程大老板,后头有孙一掠(指孙菊仙,当时戏界,都称孙菊仙为孙一掠,贬词也),至于大头(指汪桂芬)虽然是晚生后辈,但他的嗓子,比我悲壮,唱不过他们,只好自己又捉摩(琢磨)了一出《南阳关》,也可以抵过《昭关》了。至于《打侄上坟》《盗宗卷》这类戏,唱不过张胜奎;《探母》唱不过月楼;《空城计》唱不过卢台子等等。这些戏咱们先不动(意为暂不演),都是他们死了以后我才唱的。

唱,咱们可不能照旧唱,咱们得自己琢磨。琢磨添上点俏头,好醒一醒人的耳目。《战长沙》这出戏,从前大老板常演,以后就没什么人演了。靠背也正对咱的味儿,正好琢磨琢磨,当然是琢磨关公了,可是总算唱不过大头。乃改过来琢磨黄忠,所以两个脚,我都下过一番苦心。因为此戏,本是关公的正戏,咱们要去黄忠,也不能落在大头之后哇(意是不能弱于关公)。这也就如同《搜孤救孤》这出戏,本是公孙的正戏,最初我陪着卢台子唱,人家当然去公孙了,他虽然不算老辈,也总是老脚儿啦(这种地方,便见谭稍为骄傲。按他既称汪桂芬为晚生后辈,便应该称卢为前辈)。

演了两次,我以为光当配脚,不合式,我就对卢台子说:您是已经成名的脚儿了,但是我也正是往上熬摩的时候,我也不能光当配脚,我想给程婴多添上两段唱功。卢台子说:那当然没什么不可以,于是我就添了两段。《南天门》一戏,人们都说我是学的崇天云,但我改过的也不少。《卖马》原是老生的戏,后来归为店主东的戏了,我看这里头有路可走,所以我也特别把他另排了一排,加上了一段耍锏,从前虽有,可不是这个样子。

谭鑫培、王瑶卿演《南天门》

剧词的修改

以上这些话都是叫天平常亲口对我说的，且所说还多的很，偶凭记忆，只写出上面一些。我听过他说话之后，往往同其他的老脚谈谈，做一个印证。大家也都知道他说的不错，可是有人议论，说他这些情形，也不光是自知之明，而是有点受他人议论的刺激。比方他初演《群英会》《捉放曹》这些戏，老辈都说他演着不合式。说他俩眼太聪明，眼光太尖锐，鲁肃、陈宫诸人，都是忠厚有余，机警不足，倘若陈宫能如鑫培之聪颖，则曹操一定活不成。因为他听到这些话，所以他以后演戏，特别留神。

以上乃听到其他老脚的谈论，但这仍是谭的长处。虽然自己在戏界，已有地位，但仍对前辈的议论极端重视，这便非后来的脚色，才享微名，便自以为是者，所可同日而语也。

他文字修养不大深，常有自作聪明的时候，所以老辈也常常说他闲话。例如《探母》《汾河湾》等等的戏，他所改的，都有毛病。《探母》的引子，原为“被困幽州，思老母常挂心头”，正是整个笼罩本戏的事迹，乃引子的出色当行之作。他改为“金井锁梧桐，长叹空随几阵风”，乃由昆曲偷来，为的一新耳音，以示与他们唱的不一样。可是与这出戏后头的事迹，毫不相干了；不但不相干，且与公主所唱之芍药开等句，完全是两回事了。

《汾河湾》一戏，他完全学王九龄，可是窑门外一大段唱功，九龄原词都是未离家以前的话，因为柳迎春同他说“说的明白得相认”，他说未离家以前的话，柳迎春方能知晓，相信他是仁贵。倘说离家以后的话，柳迎春怎能知他是真是假呢？可是鑫培改的词，如“结交下弟兄们周青”等等的词句，都是离家以后的话，柳迎春一概不知，怎能分别他是真假？再说进窑之后，柳迎春的旧词句,是问薛仁贵“你出门的时节说,是做了官,才回来见我,如今回来,一定是做了官”等等的这些话,如今旦脚还是照旧话,可是薛仁贵窑外一大段说的都是这些事,难道柳迎春没听见吗?又何必再问呢?这总算两个人的词不能呼应,为戏中最大毛病。

以上都是梨园老辈说的话,从前听到这类的话,也很多,不过略举一二,也就是了。这些话也都很有道理,恐怕叫天也无法辩驳,但是现在各脚,还都是这样唱法,这不能不算盲从。

叫天爱翻场

叫天还有特别的毛病,所以有许多老辈不满意他,他的毛病是什么呢?就是爱翻场。什么叫做翻场?就是别人有错,自己给他拆穿。按戏界的规矩:同场演戏时,有人说错,或唱错,别的脚不但不许笑场,且须要替他遮盖。因为别的脚不乐,台下或者可以不理会,若别的脚一乐,该脚则可因之得倒好。所以各脚以同行道德的关系,绝对不许稍露痕迹,倘故意给人家显露出来,那便叫做翻场。

谭鑫培喜欢翻场,我所看见过的就很多。兹随便谈几件,一次演《斩马谡》,李寿山去马谡,于问斩下场的时候,大笑三声,按旧规矩,本没有这三声大笑。叫天嫌寿山胡来,于是便说招回来。手下便把马谡押回,诸葛亮问马谡你为何发笑?李寿山无词大窘，台下给以倒好。按叫天自己随便添减唱白身段的时候很多，何以寿山不许添呢？且寿山添的并不算出乎情理之外，而叫天竟当场窘他，这是戏界最不满意他的地方。

又一次演《回荆州》，麻穆子去张飞，白中有“俺大哥去东吴招亲，为何不叫俺老张知道”，麻穆子念成“为何不叫俺老张知大”。盖花脸张嘴音，容易得好，所以把“道”字念成“大”字，台下并不理会。乃叫天说：“叫你知大，也要前去，不叫你知大，也要前去。”他也都念成“大”字，台下便知麻穆子念错，于是给了场一笑。按道字念大，固然是不应该，但如此念法，并不始自麻穆子，且叫天念错字，也是常常有的事，比如他唱《珠帘寨》：“花啦啦打罢了几通鼓”，难道鼓的声音会花啦啦吗？这固然不始自他，但他的毛病，也跟麻穆子没什么分别呀？又一次与某票友演《捉放》，按规矩二人同上，曹操唱完“八月中秋桂花香”一句后，须往左走一两步，往里往回一绕，陈宫再往前到台脸，接唱“行人路上马蹄忙”。这本是形容行路之义。乃某票友唱完未往左转，立于台脸未动，叫天便从他袖子下面伸出头去，唱了一句，于是台下报以倒好。以上这些事情确都是叫天不对的地方，所以老辈多不满意他。

又一次与陈德林演《武家坡》，德林唱“低下头来心暗转”时，用一摇曳之腔，叫天嫌他拉长腔，耽搁工夫，自己发傴，场上

谭鑫培演《定军山》

自然不能说什么。到了后台，问德林曰："在那么紧急的时候，您还使巧腔吗?"德林见问，知道他是为什么说这句话，自然不大高兴，乃回答曰："人家也得想一想啊!"按德林答的，也很有道理。叫天这类情形很多，也可以说是倚老卖老，不能说不是他的短处。

可是叫天也有特别的本领，比如有一配脚，于此戏不熟，在后台对他说几句求他照应的客气话，俟该脚上场，无论有多少错处，他能给该脚遮盖的包水不露，能使台下一点也看不出来。尤其小孩，陪他演戏，更是如此。倘先在后台跟他叫一声爷爷，上了台，他便可以遮盖的极严，有时还能使之得好，否则要弄成乱七八糟。

叫天与西太后

叫天成名之速，及成名之大，按叫天自然是有他的艺术本领，在他以后，固然还没有看见过一位比他好。但在他之前，则很有几位比他好的，就说跟他同时的汪桂芬，靠背戏自然不及他，而王帽戏，老头戏，都算比他好。例如从前演堂会戏，如果叫天先唱，大头后唱，则两个人的唱功，大家听着都好听。倘大头先唱，则听完大头之后，再听叫天，便觉味薄，人人有此感觉。

大头唱功，比叫天浓厚，最显明的，是《战长沙》一戏，若叫天去关公，大头去黄忠，则都不大对味儿。倘对调一下，则都好听。因为关公之嗓近于王帽，且介乎生净之间，故非雄厚不可。可见汪之唱，优于谭。

可是这些年以来，谁的名气，也不及叫天大，这也有几称原因：第一是因为前清西后提拔他。按清朝宫中的规矩，自嘉道以后，力崇节俭，不许传外边脚色进宫演戏，自西后乃大变章程，但在光绪庚子以前，尚不敢随便传外边脚色承应，只传整班。彼时常应差者，只有七八个班，叫天之班，也在其中，所以彼时就极得西后的赏识。除恒传进宫演戏外，并于便中见各王公及内府大臣，时常常夸奖他，各王公大臣，为得西后之欢喜，每于府中家中演堂会戏时，必有谭之戏，也就是为的看过之后，于便中见西后时，有话说。因此有王府宅门，对于谭，都要另眼相看。如此一来，谭的声望，便一天比一天高，架子也一天比一天大。所以彼时有“谭贝勒”的外号。按亲贵的爵位，贝勒之分，仅亚于王爵，则彼时之情形可知矣。

彼时之恭维叫天者只是旗人，若汉人中，则只有工商界人，再则就是书办经丞，至官员则捧者绝少，因彼时官员，多不常观剧，只有每年春节，几种团拜，偶看一二次，所以汉官向无捧脚之风也。旗门中观剧之风之所以盛行者，一因清政府，鉴于明朝亲藩之跋扈，故绝对不许王公干预政事，而娱乐则决不禁止，此各王府之所以常常演剧也。内务府各堂官，则都是有钱的差使，且日日伺候西后观剧，不但有此习惯，且须多与戏界名脚联络，以便在西后面前有话可说，兼可借此得西后之欢心，此内务府官员之所以常常演剧也。且内务府堂官家中，多有戏楼，演着也极方便。

证诸“楚王好细腰，宫人多饿死”的前例，则西后好观剧，亲信人员焉得不提倡戏剧呢？西后喜爱叫天，则亲信人员，焉得不捧叫天呢？此叫天之所以特别红，及红的原因也。虽如此，而亲贵中之恭王，向不看叫天之戏，此事从前戏界人人知之。据人传说：醇王曾对恭王说过，佛爷（宫中对历代的太后普通称呼，对皇帝亦偶用之）既夸奖叫天，当然不错。恭王说：我若听叫天，还不及听青衣呢！盖叫天的腔调中，所含青衣之腔实是不少；然他决不死用，亦都有变化。

享盛名的原因

现在再把西后所以特爱听叫天的原因，来补充谈一谈。按光绪庚子前，宫中常传差之脚老生中，尚有孙菊仙、汪大头诸人，但孙、汪二人有点名士派，每逢当差，总是郑重其事，照自己所学的来演唱；意思是，请太后听听我是这个样子。这当然是自以为是的意思，但也有个原因，孙菊仙是私淑长庚，永远拿程长庚标榜（其实长庚最讨厌孙，戏界老辈都知之）。汪乃与长庚拉胡琴多年，对长庚的腔调，当然尽知，身段虽做不到家，但也定能摩仿。

他二人知道西后没有看过程长庚（长庚自咸同年间便很出名了，西后当然赶得上看他，但因为洪秀全他们“捣乱”，宫中不能随便娱乐，光绪年间虽已平定，但刚平定之后，亦未便乐和，等到西后乐和的时候，长庚已死），所以一定要那样演法，为的使西后看看这就是长庚。但西后对于这种情形并不十分注意。

而叫天则聪明过人，一味逢迎西后，他揣摩着西后喜欢什么，他就怎么个演法，所以极得西后之称赞。大头本来也很红，因他性情乖僻，自己跑到上海，报了死亡，西后去世，他才又出来，中间休息了若干年，所以声名就冷下来了。

再者，彼时红人，尚有三位，比如侯俊山（外号十三旦）、陈德林、余玉琴（通称余庄儿）等，都为西后所爱。然旦脚年老色衰，不易持久，遂让叫天独步了。至杨小楼之见爱于西后，则晚多了。

至叫天所以驰名各处者，则又因学他的人太多，无论本界、票友，凡演老生者，几几乎都是学他，所以他的声名，也就跟着传遍全国。其实以往不必说，就说光绪中叶以后，人所称道的三杰孙、汪、谭，孙、汪二人比他，也不能说弱多少，但孙、汪气足声宏，不是随便可以学的，戏界所谓没有那个本钱，就不能学。所以后来，只有时慧宝学孙，王凤卿学汪，然天才本钱均感不足，因此不但没把孙、汪的艺术发扬光大，而且自己也没什么成就。

返回来再说谭，他声不甚高，且不甚壮，腔调又专靠悠扬蕴藉，清脆流利，好自然是很好，但较为容易仿效，所以学他的人就特别多。他的名气，自然也就跟着大起来了。这也就如同从前之张二奎、程长庚、余三胜三人之中，长庚名气最大的情形，是一个道理。张余徒弟都很少，而长庚在三庆班多年，永远带收徒弟，徒弟自然要恭维老师，徒弟多，则恭维老师的人便多，知道老师的人，当然也就多，其实长庚不但不见得优于二奎，即稍晚之杨月楼（小楼之父）本领也不让他，叫座之力更大，名气之不能比程者，因无徒弟给发扬也。其子小楼，固好，但他是俞毛包的徒弟。再说，程长庚一生专学米喜子（米之事迹，见过记载，容另谈之），而米之名，则远不及程亦系此故。当然，叫天自有他特别的长处。单单靠人恭维宣传，也是不会成功的。

与小培一席话

中副编者嘱写点梨园掌故，适有人嘱写一写谭叫天，于是便不假思索，随手写来，拉拉杂杂的，写了这么一大篇。其中叫天的事迹之外，也加杂了许多戏界的情形。至对于叫天事迹，则是有什么写什么，好坏一齐来，不加褒贬，所有偶加断语处，都是述说戏界老辈的话，为的使他瑕不掩瑜，瑜不掩瑕，方能见到真际。

虽然写了这么多，但仍然还有许多没有写出，因为我同鑫培，过往颇多，所以知道的较多。曾记日本投降后，我偶到谭小培家中，小培急呼富英及富英之子出见，并云齐老先生，跟咱们家是四辈的交情了等语。我说这话确一点也不错。我当时曾对富英说：

谭鑫培、王瑶卿演《汾河湾》

“令祖之成名，实在不易，幼年在京东跑野台子，演了好几年，一天须演三次，即是午前、午后、灯晚，每村多半都是演四天，末一夜，演至十钟余，装箱乘大车，赶到又一村，午前就又得上演。倘两村相离稍远，则只有在车上睡觉。大敞车，冬天西北风一刮，真不是容易受的。中年以后，回京又是苦苦的用功，一直到老，功夫没有间断。

“民国后，我来府上的末几次令祖已六十余岁，仍每日踢几趟腿。”我并且还告诉他，在院之某处，怎样踢法，我还给他比试了比试。并说：“你们正在青年，正要用功，千万不可学现在的所谓名脚，稍稍有点名，便忘了东西南北，骄傲的不得了。有人来约，总说钱少。令祖一次演堂会，是陈德林代约，演后，德林送来三百块钱，我适在座，令祖说：德林，别管人要这么些个钱哪，要的人家不敢找了，那可不好。后来德林对我说：谭老板说钱多，其实是要了七百。彼时汝伯父姑母等，都要分点，共须四百，不过令祖都不知道。我为什么跟您说这个呢？你想：实在要七百，人家都肯给，而自己则以为三百已太多，这也足见令祖不是光认识钱。”当时小培、富英听着也很动心。

以上乃是我对谭氏父子说的一套话，虽然没什么重要，但我所以写这篇文字的原意，于这几句话，也有些关系，因为看到近年许多自以为是名脚的那些人，都是稍有微名，便已自足，且骄傲的不得了。似这种情形,他的技术,怎能还有进步呢?古语说的好:学如逆水行舟,不进则退。他自己退步,似乎与别人及社会还不相干。但若人人如此,则艺术只有退化的,不但于社会有损,于整个中国的艺术前途,都有极大的损失与妨害的。所以我写出这一段来,希望后之来者,知道从前的老脚,多是一生用功不断,到老仍不少懈;且对于钱,则也不像现在各脚之永不知足。大家看过之后,或者有所感触,则于戏剧前途,不无益处,这就是我私心所祈祷的了。果能有点影响,则这篇拉杂的文字,也不算白写了。

谈陈德林

陈德林(代序)

德林号漱云，小名石头，光绪年间，观众多以陈石头呼之。初为四喜梅巧玲之徒弟，后改入三庆，彼时长庚已老，因以璋甫为师，与陆杏林、张淇林、李成林等，为同科师兄弟。他生于同治元年，比我长十五岁，满科后，已稍露头角。迨光绪初年，他才十七八岁，一次在文昌馆演戏，一日演两出，倒第二与杨鸣玉演《活捉》，大轴子与王九龄演《武家坡》，有此两位老名脚一捧，观众大起哄，由此名气就大起来了。不幸二十几嗓音塌中，有几年未能登台，自己难过，自己想，难道自此就不能吃戏饭了吗？然心中不服，一定要用功。每日天不亮，便到先农坛根去喊嗓，亦曰遛嗓，冬天刮着多强的西北风，下着多大的雪，也是一定要去的。如是者二三年，嗓音居然复原，且比以前还好。他对此一段苦功，极为难过，也极为得意，对朋友也最爱谈此，他与我就说过几次，说他天天往坛根来，自己常气的哭一阵，自己想，别人都能自自然然的吃碗戏饭，为什么惟独我受这样的苦呢？我也常把他这段情形，对幼年人述说，可见是有志者事竟成，皇天是不负苦心人的。好在他自嗓音恢复之后，就一直唱到了老，总是很顺当的。

嗓音恢复之后不久，二十八岁中就挑入了内庭供奉，且极蒙西后赏识，与西后接谈之时也很多，每遇王府有生日堂会等等，西后往往推荐德林及余玉琴为承办人。西后戏瘾很大，且常常自编唱词，所有唱词，多数是命德林安腔，尤其排整本《昭代箫韶》时，把乾隆年所编之昆曲，通通改成皮簧，西后自编之词更多，多数都是德林所安的腔（按《昭代箫韶》一剧，共一百余出，西后改为皮簧，减的不少，两种总本，余均有存者）。德林由此更忙，且宫中当差，生活更为优裕，于是外边演的较少，然因彼时青衣人员，如时小福、余紫云等多不恒演，戏园中青衣人才缺乏，所以也不断登台。与谭鑫培合作很久，自己改造的戏也很多，如《南天门》，一上场之慢板，原为原板，经他才改成慢板，后边之“三家店前把饭用”一段，也是由他改成二六。

德林能戏很多，腔调也极正当，对于后辈，亦极肯帮助，可惜因宫中事忙，未收徒弟，他的真正徒弟，只有王勤农一人，妙香就未正式拜过，但后辈则都很尊敬他，这也是因道德高的关系，尤其是梅兰芳，虽然没有拜他为师，但他对兰芳，如同亲子弟一样，而兰芳对他，也极尊敬之至。其实王瑶卿确应管他叫师傅，在前清的规矩，一个演员得以进宫当差，必须先由一资深演员介绍保举，此新演员对保举人，应该终身执弟子礼，呼为老师。瑶卿进宫，便是由德林保举，他自应以老师呼之。按德林虽比瑶卿长十八九岁，但按亲戚世交，都是平辈，所以呼为德林哥，叫了十几年的德林哥，乍改叫老师，瑶卿有点不好意思，而又不能仍呼德林哥，于是给他起了一个号，叫做老夫子，而外界人也跟着叫，其实这是瑶卿奸滑幽默的用意。

德林为人，忠厚诚恳，道德很高，与余亦极好，常相过从，我得他益处极多。一次闲谈，我说大家都恭维您是正宗青衣，他说齐先生快别说这句话，我听到此话，便要难过半天，年轻的时节，哪一个人有不唱活泼一点的小姑娘戏呢，如今快六十岁的人了，再扮小姑娘，不但观众不爱看，自己就有点不好意的，只好光演演穿青衣的妇人戏，至于青年女子的戏，只有戴凤冠的人物，还可以演演，若《花园赠金》《琴挑》《闹学》等戏，就不能演了。自己正在因为过境牢骚，而他们反用此恭维，岂不难过？若自幼便只演青衣的戏，那就成了扫边的旦脚了。

（据《清代皮簧名脚简述》）

前　言

我向来不乐意谈脚，前者已经说过，不必再赘。因为谈脚的文字写出来，固然有许多位爱看，可也有许多位不满意，这是一定有的情形。

凡一个名脚，在社会中的名望，总分三个时期，这看诸位对该脚的印象，是在哪一个时期中最深，则对于该脚的议论，便有不同的观点。第一个时期，是该脚初红之始；第二个时期，是正红正旺之时；第三个时期，是已经成了过去的人物。

兹举两个人谈谈，程长庚，在咸丰初年，就有许多人，说他闲话，说他不像米喜子。米喜子为乾嘉年间，最出名之须生（戏界老辈，都说程长庚，确是学米喜子），由咸丰末年，到光绪初年，是他最盛旺之时，一直到光绪末叶，北平老的观众，仍是称道的，民国以后，知道他的就少了。谭鑫培，在光绪初年，为其初红之始，彼时尚有程长庚之余威，所有老辈观众，仍是喜欢程之腔调，一提谭鑫培，总是说叫天太没有出息，尤其是山东老掌柜的们，更是这个论调。在那个时候，倘说一声叫天好，那总有人说你不懂戏，没有听过好的，甚至跟你抬杠。在光绪中叶以后，到民国初年，是叫天最盛旺的时期，此时戏界票界之唱老生者，几几乎都是学谭，观众亦大大的多数爱听谭，梁启超之“国破家亡谁管得，满城争说叫天儿”即是当时的真情,此与明朝末年之“不顾满城飞炮火,深宫犹自赏春灯”,同一感慨。在那个时期中,要有人说一声叫天不好,则必将群起而攻,或至动武,也未可知。在民国二十年以后,便成了过去的人物,北平社会中,尚时有谈及叫天者,上海等处,则轻易谈不到了。现时在台湾,我与许多人谈天,多数是谈余叔岩、言菊朋、马连良,像“言马怎能与余比呢”?这固然可以说是后浪推前浪,也可以说是每况愈下了,以下才谈到陈德林。

青衣名词的来由

近些日来,又有几位友人,又怂恿我谈谈陈德林。其实像德林这位过去的老名脚,倒是真值得谈一谈的。因为可以说青衣行中,他是一个划时代的脚色。

这话说来,当然很长,如简单而论,在昆曲中,无论从前或现在,是没有青衣这个名词的。因为昆曲中,旦行的正脚,都是青年女子,都是现在的闺门旦。例如:《牡丹亭》中的杜丽娘,《绣襦记》中的李亚仙,《桃花扇》中的李香君等等,都名曰正旦,而不名曰青衣。总之所有昆曲,都是如此,以上不过只举三人而已。北平戏界,有青衣这个名词,大致是始自高腔,如《女诈》等戏之旦脚,则名曰青衣,然最初是叫做正旦,这种脚只唱高腔(弋腔)绝对不唱昆曲，且脸上永不擦粉。在前清时代，倘正旦一擦粉，那就成了笑话了，台下非叫倒好不可。到光绪中叶，高腔一衰，这种脚色也就看不见了。昆腔中例只用旦贴等字，有时写正旦二字，所以笔记中，如《燕兰小谱》《日下看花记》等书，对于凡习演旦脚之人，都注明曰习昆旦，向无青衣花旦之分别，一直到现在，昆腔的戏班或票房，也没有青衣这个名词，凡唱旦脚之人，就说是唱旦脚的，或曰旦行，往较详细里分析，也就是旦或贴。比方春香、红娘等类脚色，只能说是唱贴旦的，而不能说是唱花旦的。固然也有人呼他为花旦，但那仍然得算是外行话。

到了皮簧班中，青衣、花旦两名词，就分的相当清楚，可就把闺门旦这一行，又算是废掉了。元、明两朝，杂剧传奇中所注旦或正旦，这两个名词，清朝以后，都名曰闺门旦。不过这个名词，在剧本中并不常见，只戏界老辈口中说之，见于文字者，只戏箱中，有闺门帔等等的名词。到清朝末年，戏界人也不常说了，把闺门旦这一行的戏，由青衣花旦两行分着担任，戏界的名词，叫做两抱着的戏，大致是唱功多的就归了青衣，表情多的就归了花旦。

陈德林便装照

张不开嘴与张开嘴

前边所说，陈德林为划时代的脚色者，因为青衣这一行，在前清光绪年间，是一个很大的转变时期，有张不开嘴，及张开嘴之分。张不开嘴者，张嘴音不好听，或竟无张嘴音也；张开嘴者，张嘴音好听也。所谓张嘴音，即是发花辙中之“差”“家”及怀来辙中之“来”“呆”等字也。

自陈德林以前之唱青衣者，大多数都张不开嘴。陈德林以后之唱青衣者，大多数都是能张开嘴的。所谓不能张嘴者，并非错处，因为彼时的脚色，都是先学的昆曲，后来所谓有昆曲的底子，念字多不讲张嘴，例如“战”字读如篆，“可”“半”等字，也不能完全张嘴，这路字很多，不必尽举。照昆曲的念法，念惯了，唱皮簧也就仍照旧念之，彼时的观众，因为听惯了昆曲，也就都听着顺耳，所以也都赞成这种念法，倘不这样念，大家还有点瞧不起。光绪初叶以后，昆曲已就衰微，中叶以后，在北平就没有昆弋班了，彼时又正是梆子腔盛行的时候，梆子腔中念唱，都是北方的读法，专讲张嘴音，大家听惯了梆子腔张嘴音的唱法，而又久已不听昆曲的唱法，于是乎都听着张嘴音顺耳；听着昆曲的念法，反倒觉着别扭了。在这个时候，皮簧因为迎合观众的心理，也就改变了作风，这总算是把昆曲的遗传性，给废掉了。从前认为要不得的念法，到此时都要仿效了。但是老的脚色，终因习惯了旧的念法，想改也不大容易，便不能受观众的欢迎。于是戏界人的子弟，初学戏时，倘能把张嘴音的字，念的好听，则亲友知道喽，都要庆贺，都说：好了张开嘴了，有饭吃了。

再者，在那个欢迎张嘴音，而许多脚不能张嘴的时期，正是青衣一行不走运的时候。彼时戏界人的子弟，凡面貌好、有做功、能张嘴的小孩，都去学花旦，只剩下面貌稍差，有副好嗓子的小孩，才去学青衣。倘有聪明漂亮小孩，去学青衣，则亲友必说：为什么拿着这门好的孩子去学青衣呢？彼时的思想，大致都是如此。

洪、杨战后戏班复活

以上说了半天，陈德林为什么可以算是划时代的人才，还没有说到，现在还不能说到，因为倘不把当年关于此事的情形叙说清楚，则所说的话，理由便算不够，也可以说是证据不足。还须把百十年来，所有唱青衣的人员及情形，大略叙述，方能明了究竟。

此层说起来也很长，自前清同治二年以前，因洪秀全他们，江南战乱，国内不靖，北平皇帝因国家多事，不便娱乐，彼时对戏界，没什么详细的记载，以往的脚色，大多数都不知其详。到了同治二年，国内承平，前门外精忠庙，梨园公所，又成立起来。应有戏班，都得报庙，由庙中会首，代为呈报内务府，俟批准后，方许演唱。报庙的手续，必须把该班的承班人，班中所有脚色的姓名籍贯，及该班都是能演何戏，都须详细开明。这种人名、戏名，都须在精忠庙会中，及内务府衙门内存案备查，由此之后，戏界人员的姓名，才算有了些有统系的纪录。这种人名单，及当时呈报的公事，由同治二年起，至民国十七年止，我差不多可以说是有全份，但分三个部分：（一）精忠庙会中纪录人名的原花名册。（二）内务府所有各戏班的人名单。（三）是由警察局抄出来的。因为民国以后，所有戏班，就都必报警察局了。

小香到提调笑，喜禄病提调跳

这一部分纪录，可以算是我国中惟一有系统的册籍。我除保存原物外，特另又抄录了一份，并给周志辅君抄了一份，以便保存。可惜给周君抄的，尚未能全，因当时未整理出来，故未能全抄，周君即著《京戏近百年琐记》者。因为有这部分册籍，所以戏界以往的情形，可以知道一个大概，然仍只到同治二年，再往前则虽有些纪录，那就都是枝枝节节，片片段段而已，就没有系统了。可惜这部分东西，不在手下；全靠记忆力，是有限的。现在只能够把记忆力所及的人，大致写在下边，然借此亦可看出百余年来唱青衣之情形来了。

胡喜禄　乃春台班的老板，据大家所知，此为青衣中最早的一人。从前北平留传着一首《戏提调歌》，中有二句，曰“小香到，提调笑；喜禄病，提调跳”云云，即是此人。

陈宝云　隶春台班，比喜禄晚一些。

罗巧福　隶四喜班，也算梅巧玲的师傅。

章丽秋　隶三庆班，梅兰芳昆曲教师，乔蕙兰之师。

正　棣　隶春台班，学陈宝云。

孙双玉　隶春台班，外号孙八，琴师孙佐臣之父，佐臣又名孙老元。

时小福　当过四喜班老板，须生时慧宝之父。

孙心兰　隶三庆班，名青衣怡云之父。

袁子明　中年以后，永远当后台总管事。

余紫云　梅巧玲的徒弟，余叔岩之父。

鲁大鼻子　隶四喜班，忘其名字。

蒋兰香　隶四喜班。

陆小芬　学胡喜禄，先隶春台，后隶四喜。

陆春兰　学胡喜禄先隶春台，后隶四喜。

田宝琳　隶三庆班，陈德林之师。

张紫仙　先隶四喜，后入三庆。

常子和　票友出身，隶永盛和班。

吴顺林　学时小福，早年与鑫培常合演。

陈啸云　梅巧玲的徒弟，隶四喜。

孙怡云　为光绪中叶最红之青衣。

划时代的脚色

以上这些人，除子和为票友，怡云稍晚，都是先学的昆腔，昆曲念字的底子相当深，虽唱皮簧，也不会有口太敞之病，后来便有人说他们张不开嘴。从前以口太敞为毛病，后来以张不开嘴为毛病。

吴彩霞　赵芝湘　王瑶乡　杨韵芳　王勤侬

姜妙香　梅兰芳　尚小云　程艳秋

以上都不是先学的昆曲，所以没有昆曲念字的底子。其中张嘴音，最好最早者自以瑶卿为领袖。按青衣张嘴，自余紫云已开始，陈德林学之，瑶卿又学之，遂发达起来。梅兰芳学瑶卿，又发扬光大了许多，于是乎成了青衣唱法的正宗，风行了全国。陈德林比张紫仙他们微晚，比瑶卿较早，但都可以算是同时。德林最初学的昆腔，所谓有昆腔的底子，念字相当讲究，万非瑶、卿兰芳他们所及；虽是昆腔的底子，而念字口音开放了许多，此大概是因为时小福、余紫云二人，念字已比以前老脚趋时，德林仿效他们,而又光大了许多,然尚不失为昆曲的念法。所以民国初年的老辈,都极恭维他,对于瑶卿、兰芳,就有许多人不满意,其原因就是因为他们口太敞,到民国七八年以后,大多数的观众,就欢迎兰芳(此时瑶卿,早已塌中),对于德林,就不大注意了。瑶卿、兰芳,虽然很红,但他们得德林的好处都很多。德林虽然是昆曲底子,给后辈讲戏说腔,则很趋时。瑶卿虽然说是学余紫云,但紫云死时,他不过十六七岁(瑶卿比我小五岁,大致是光绪八年生人,余紫云是光绪二十五年去世),且紫云已有多年未登台,瑶卿从何处学起呢?所以说他,还是得的德林的好处很多。瑶卿口虽然敞,但因仿效紫云,故仍不够,后经德林常说,张嘴音更好听了。兰芳初年口太敞,后经补学昆曲,又经德林给说说,遂稍收敛,比从前又好听了许多。德林张嘴音,虽然不及他二人好听,而他二人之所以好听,得德林的益处实在很多,所以说德林可以算是划时代的脚色。

德林对后人的影响

读者或者以为口敞与否,张嘴音如何,都是很小的问题,算不了什么,其实不然。我国的戏剧,自明朝盛行南剧之后,五六百年之久,都是从前那一种念法,尤其梁伯龙他们之后,所谓昆曲者盛行,更是如此,不信请问现在的昆曲票友诸君,他们以为瑶卿、兰芳他们念字如何？听着一定有些刺耳。不过我们听惯了这种张嘴音，也就听着很好听了。这岂不是换了一个时代吗？

我再补充几句，更足以证明他是划时代的人物。他以前的脚色，自然是于他没什么大关系的，他以后的人，多数与他有关系。

吴彩霞、赵芝湘二人　虽然比他晚，但都没受过他的指教，念字唱腔，都不够讲究，所以唱了几年，色稍衰便完了。

王瑶卿　虽未拜他为师，但瑶卿得进清宫当差，是他保举的，当然也有许多地方，经过他的指教。演戏的规矩，宫中与外边，就有些不同，未进宫之前当然要由保举人详细指教，瑶卿能大红一时，能充内供奉，实得他很大的帮助。可惜后来塌中不能常演了，照外表看，瑶卿可以说是划时代的人物，其实骨子里面，德林的力量较大。

王勤侬　实实在在，给德林正式叩头拜师者，只此一人。故唱腔念字，都很正气。又一部分，颇得张紫仙的余绪，故唱念，未能趋时，又因面貌不够美，故未能在舞台放彩。

姜妙香　并未正式拜德林为师，但确系德林的入室弟子。念唱相当讲究，惜塌中以后歇了十几年，后改小生了。

梅兰芳　亦未拜过，但德林视兰芳如亲子弟，兰芳尊他为老师，所以得他的好处很多了。

尚小云　从孙怡云学习，未受过德林的指教，故念唱都较差，诸硬生属。

程艳秋　因太晚，未受过他的指教，念唱较差，一生张不开嘴。此非说艳秋闲话，他的唱片俱在，请听他的《骂殿》，“遭不幸老王爷宴了御驾”爷唱成姨，驾唱成舅，一次唱此，钱金福在后台听了，说：王姨御舅，皇亲都来了。后几年，这些毛病，虽较好了一点，然不够讲究。他固然张不开嘴，但也非昆曲之念法，更非皮簧之念法。此固然是因为他天生的张不开嘴，然学力较差，亦大有关系。

请看以上这几个人，经他指教过的，都较好一些，未经指教的都较差。固然每一个人，都有他天赋的关系，不能说尽在他的指教，但经他说说，总有很大的帮助，乃是毫无疑义的。这足见他于青衣一行之盛衰，是很有关系的了。

德林童年轶事

现在，才说他本身的经历。

德林比我大十五岁，大致是生于同治元年。最初在四喜班学徒，后又改入三庆班。他童年有最注意的两件事情，往往同我谈到。第一次是在徐宅中唱堂会，他才十三四岁，扮相很美，唱了一出戏，观众非常欢迎，那时正在三庆学徒，尚未出科，穿着一件蓝布大褂,坐在大众客厅之中,适梅巧玲过来,见了他大为夸奖:你扮相也好唱的也好,你叫什么名字?德林赶紧立起来叫了一声师父,说先前乃是四喜班的徒弟。巧玲一怔。当日的戏提调某君,正在旁边,说梅老板,你把这样好的人才,给放弃喽,实在可惜,巧玲也很叹惜。第二次,也是光绪初年,在文昌馆演堂会戏,一日演两出。倒第二与名丑脚杨鸣玉,演《活捉张三郎》。大轴子与名须生王九龄,演《武家坡》。有这两位老名脚一捧,观众大为起哄,由此陈德林的名字就大起来了。

存心苦练奋斗到底

德林不久就倒了呛,六七年未能唱戏,可是他奋斗了好几年,每日清早,太阳不出,就在先农坛及天坛坛根,去喊嗓子,风雨无阻,一日未尝少懈。自己常难过,且气的哭,自己说:为什么别人可以平平安安的把嗓子回复过来,单我受此又冷又累之罪呢?自己蹲在城根,哭会子,无法,还得起来蹓。往坛根去蹓嗓子的人很多,正倒呛的人,固然要蹓,平常也都要蹓一蹓,因为倘不预先喊一喊,则到馆子时,嗓音不受使用。凡蹓嗓子,必须在人烟稀少之处,否则左右邻居,嫌吵的慌,坛根左近,人家很少,所以都要来此。所谓蹓嗓子者是一边走一边喊,喊者为的是使嗓音湾转如意,走者为的气壮,所以大多数唱戏之人,都要每早蹓蹓嗓子。蹓嗓的人虽很多,但像德林去的这样早,蹓的时间这样久的人,实在不多。所以他自己难过,也常有同行的亲友们,遇到常劝劝他,请他不要太苦。但他的主意早拿定,无论多苦,也要奋斗到底,决不灰心。

谭鑫培说过他一句话,他最不爱听。一日同老谭谈天,老谭说:德林(此话并非不客气,他们常在一起,谭又比陈大十几岁,所以往往呼名)你见过哪一个好脚,是由坛根儿出身哪?只要祖师爷赏饭吃,总不会饿着。言外是你不必受这个苦,倘祖师爷不赏饭吃,你受多大的苦,也没有用。老谭这几句话,自然也有点开玩笑的性质,但德林听了他这几句话,非常难过,一生不忘。

有志竟成嗓音复原

记得民国七八年之间,我们几个人谈天,德林又提这几句话来,我说:谭老板这几句话,并没什么毛病啊?他说:您可不知道,他是得意,他是骄傲,言外是祖师爷赏他饭吃,不赏我饭吃,他是好脚,他不用城根去蹓嗓子。我自从听了他这几句话之后,回到家里,越想越有气,越想越觉着自己不够劲,继而一想,你说我不成不是?我偏要用功,祖师爷不给我嗓音,我没有法子,我拼命的用功,祖师爷对我也没有法子,闹得他不好意思喽,也许给我条好嗓子。他说到这儿,我插了几句话:说你这种办法,深合古人的意思。从前有一位学者说过两句话:越读越不中(中举人进士也),我其奈命何?越不中越读,命其奈我何?就是你这种办法。德林哈哈大笑,说:我也不敢跟祖师爷闹气,不过我就是苦奔前程,倘乎嗓子回来,也好自己争这口气。由此我更是天天去坛根,蹓两个钟头,回家还要唱两段,如此者不到二年的工夫,嗓音居然有了希望。越高兴越起劲了。如此者又几个月,居然回来了。那个时候还没有在馆子中唱戏,一次演堂会戏,我暗含着求了求朋友,跟谭老板、刘永春来了一出《二进宫》。未唱之前,谭老板以为我唱不下去,一上台,他惊讶极了,他问我你用私功来着吧?我说由坛根练出来的。他大笑,还记得他说的那一句话。德林对此事,极为得意,这一套话,是他在民国八九年告诉我的。我说有志者事竟成,这种志气,后辈当以为法。

内庭供奉一鸣惊人

德林经过一番苦用功之后,到了光绪八九年,嗓音居然好转,渐渐受人欢迎。不过那时,青衣的前辈,有时小福、余紫云,下至张紫仙诸人,青年的青衣,则有孙怡云、吴顺林诸人,所以德林不能大红,以后嗓音越来越好,慢慢就红起来了。光绪十六年挑入升平署当差,做了内庭供奉,在宫中第一次演戏,是同孙菊仙、穆凤山二人合演的《二进宫》。那时孙菊仙正是气足声洪的时候,穆凤山也是大名鼎鼎,德林的嗓音刚回来年月不久,也是正好听的时候,西后大乐,很夸奖这出,说孙某(孙在升平署的名字确系孙菊仙,但西后不管他叫菊仙,德林述说此一段故事时,曾告诉我,但我忘了)这出戏,比金福好(宫中永远呼金福,不曰叫天,亦不名鑫培);德林刚出马,也还配的上。西后说完之后回宫,后台诸人,一齐给德林道喜,说这是百年不遇的事情,刚挑上差使,头一次演戏,就蒙佛爷(此指西后)指名夸奖,是以往没有的。德林当然也非常得意,他曾说:回家来,几几乎三夜没睡好觉。因为在宫中当差的名脚,都知道了这件事情,回家来,一个传十个,十个传百个,第二天大家就都知道了,都来探询。家中人也都问,是怎么个情形,于是闹的家中人来人往,热闹了好几天。他自己一想:头一次虽然得了好,以后更得小心,从此便害起怕来。幸尔以后接续演了几次,都没有出毛病,才放了心。由此一来,不但宫中得了面子,连外边搭班也容易多了。这个班也来约,那个班也来请,从此便发达起来。而逢到宫里去演戏,升平署总管太监,也特别照应,诸事代出主意。后来更是特别用功,天天吊嗓子,并且常想:我这嗓子,既是由坛根蹓出来的,不要忘了坛根的好处,每逢无风无雨的天气,还要时时到坛根走走。一次老谭同他取笑,说:你在坛根,已经蹓出来了一个陈德林,干吗还去,还要蹓出一个双料的陈德林来吗?德林大乐,后来同我说:谭老板说这句话不要紧,我总算争过这口气来了。我说有志者事竟成,此之谓也。

清宫演戏规矩

德林到宫中当差后,升平署总管太监,待他很好,给他说了许多演戏的规矩。这不但于德林当差有关,而且也可以算是宫中演戏的掌故,现在附带着谈谈。

吹将军令　清宫演戏,未开戏之前,不先打通。打通者,所谓擂鼓三通也。北平营业戏,则开戏之前,非先打通不可,且永远打三次,方接着开戏,宫中则无此例。皇帝或西后,由他住的地方,到看戏的地方,当然有相当的距离。皇帝动身来看戏时,便有太监来报告,只略一动身,戏台上便有四个场面,用唢呐吹《将军令》牌子,一直吹到皇帝到来,入了座,方才止住,随即开戏。

场面穿驾衣　驾衣者,用红缎或绿缎制成,宽袖长及膝盖之下,绣小团花,菊花或葵花。凡大驾卤簿打执事仪仗人员,都须穿此。故名驾衣。宫中给皇帝皇后等抬肩舆之人,也须穿此。社会中出殡抬棺罩者,也都穿此。讲究的人家,连打执事的人,也要穿此。不过宫中是缎底绣花,外边是布底画花就是了。宫中所有场面,无论打鼓、拉胡琴、小锣、大锣等等,都要穿此。最初外边场面人员,进宫当差,乍穿此衣,颇以为美,往往以此自豪,对同行之未得进宫之人说:你们穿过驾衣吗?当然是很骄傲的意思了,后来大家才知道,这就是出殡杠夫所穿的驾衣,有人回答说:我没有穿过,我就是看见杠夫打执事的穿过。由此宫中当差之人,才不得意了。不但不得意,且有点讳言之了。

德林清宫扮灵官

跳灵官　宫中演戏,虽不打通,但须跳灵官,名曰“净台”。至少四位,或八位十六位,倘遇大礼节,则扮三十二位。听说有一次扮过六十四位。这可以说是热闹喽为止了。一次派德林扮灵官,德林说:我扮灵官?灵官归净脚应行,生脚都不管,旦脚更不管了,祖师爷的规矩,旦脚不许动朱笔(关公勾脸所用之笔,故旦脚不许动,其实这都是从前鄙视女界的思想)。总管太监说:你打量你们外头哪?祖师爷的规矩,你们自然应该遵守,但是皇帝让扮就得扮,祖师爷也不敢违抗圣旨!每逢遇到大节日,是好脚都得扮,这次让你扮,是抬举你;你就扮罢,没错儿。当时扮者,尚有鑫培、桂芬、桂官诸人。德林在科班中,当然学过武的,跳的还是很随的上大家。当时西后说:德林跳的还是真不错,跳过之后,总管说:你看,让你扮,你还不愿意?结果你又得了面子了,还不谢谢我!这也是德林一次得意的事情。并且说:在宫中演戏,什么都得会,不晓的让你干什么呢。

开团场戏　开团场者,即是开场戏。未演正戏之前,先演这种戏。都是弋腔,通称高腔。这件事情,来源也很远。前清宫中,在乾隆以前,所演的,都是弋腔昆腔两种,没有皮簧梆子,此查清宫所存剧本,便可证明,且是以弋腔为主。不但宫中如此,北平光绪初年,尚有几个昆弋戏班,虽都是昆弋并重,然都是以弋腔为主。一直到民国后,吾乡之昆弋班,仍是如此。清宫中在雍正以前,大致是只唱昆弋;乾隆时,才有皮簧,但仍以昆弋为重;到了光绪年间,慈禧便偏爱皮簧,然最初也不断唱昆戏,后来就皮簧多,而昆弋少了,但开场仍须演弋腔,她虽不喜欢,可也没敢把他废掉。据宫中人说,这是历代的旧规矩,所以西后也不敢全推翻。因为这种情形,升平署就特把这些戏,另行开列,不与其他的戏相浑,其名称就叫做开团场,我问过升平署的人,这些戏,是否从前就叫做开团场?他们也回答不上来,我也没有详细考究过,但这也是很值得一考究的,因为他来源很早,或与宋朝杂剧有关。

安殿本

什么叫做安殿本呢?这个名词,在升平署,或宫中,是人人知道,极普通的。外边因为用不着他,所以也就没人知道。宫中每逢演戏，戏台对过殿中，总要摆一张大长案，此即名曰御案，后边就是宝座。每演一出戏，必须把该戏的本子，放在案上，他不名曰放，而名曰安，意思安于殿上，故名曰安殿本。不但剧词的本子，安于殿上，连某脚去某人，也都详书于小册上，放在案上，倘皇上想知道去某人的是哪一个脚色？一看此小册，便能明了。这种本子，我收藏的约有一百多种，白纸黄皮。乾隆年间的这种本子，写的都非常工整，字体也极秀丽。光绪年间，就差多了，虽然还是清楷，但不那样工整了。据升平署中人说：从前这种本子关系很大，老的戏都要照本子唱，新当差的脚色，刚到差，便须把所演之戏，列单报上，此名报戏目（其实外边营业，新脚搭班，也是如此）。以后派演何戏，则该脚便须把他所唱之词抄好，交与升平署，由署中审查，没有违碍字样者，录成本子放在殿上。自此之后，几时演此戏，也得照这样唱，否则皇上也许问：你为什么这样写，而不这样唱？也许因此得罪。不过以上所说，乃是从前的情形，到了光绪年间，进来的新脚很多，本子的词句，也就不那样认真了，但仍须时时留神，而且宫中也常常的改动词句。例如《连环套》这出戏，词句中有兵发热河一语，西后听了，大不舒服。因为咸丰年间，英法联军进城，咸丰避往热河，不敢回京，西后当然也在那里，听到热河二字，觉着刺耳，命改为兵发关外。经此一改，以后倘再念兵发热河，那是绝对不成的。又如咸丰皇帝的名字，是奕讫二字。在同治年间，在宫中演戏，且住二字，都经同治改为且慢。（同治亲笔改的本子，我国剧学会中，尚存有两种，就是因为住与讫同音，所以不许念。）然平常用住祝柱等字的地方，还很多，但都未改，盖因且字与切同音，他以为太不吉利，遂命改之。自改之后，也绝对不许再念且住了。外边的营业戏，从前只有且住二字，后来也都是两种念法，这因为在宫中演过戏的脚色，就多半改了，未在宫中当过差的，就多未改。

扮相谱

文言曰化装谱。此为乾隆年间，每一出戏，戏中所有人员，都奉旨所图画出来：冠巾、脸谱、胡须、衣服等等，都画得极详，并注明：戴、脸儿，都照此扮等等字样。这种谱乃装成册页形式，共一千二百开，画用石青，石绿勾以金银，画得极为工细，据说是遇演某戏，则把该戏之谱，展于后台，令大家照办。当初所以画此者，因为化装之后，恐皇上不以为然，升平署总管，难免担不是，所以画成此图，经皇帝过目后，便算成例，都照此办，则皇上再挑了眼，也有所推托，就谁也不负责任了。这种图，民国后，经太监偷出，流落市中，我国剧学会，买得四百多帧，确有历史价值，不止画工值钱也。以上乃从前的话，后来后台就永未陈列此谱，扮戏也就随便了。

德林还说：老佛爷（西后）常出主意，比方戏中鲍赐安，本永勾老眉子。老眉子者，系勾上白眉时，两边近耳之处，都往下弯，乃表示年老眉长之义。西后嫌他不好看，不许这样勾法，乃换勾平常之眉，从此以后，宫中演戏，就永不勾老眉子了。但外间的营业戏，并未改换。类似这样的情形，是常常有之的。不但此，皇帝还有时随便挑眼，同治年间，有一段颇幽默的故事，名净脚李永泉，外号溜子，对于戏中的知识极宽，功夫也很深，不过风头上不够，所以外界人都不大知道，而戏界中人，则无不知之，可是只知溜子这个名字，而多不知李永泉三字，若论本领来说，谭鑫培、孙菊仙他们，也都很怕他的。

李永泉的故事

一次，李永泉（溜子）在宫中演曹操的戏，大卖力气，以为一定可以得赏，结果同治皇帝大怒，将他打了四十竹竿子。宫中对太监等人行刑，都是打竹竿子，所谓竹竿子者，就是支蚊帐的细竹，对戏界人行刑也是用此，好在打的时候也极少，据云这种竹竿，打起来比竹板还痛的多。不过戏界人挨打，不像打太监那样认真，只是虚应故事而已。所以溜子这四十竿打完了也不很痛，打完之后，还得给皇上叩头谢刑。可是这一顿打，他本人也不知道是为什么挨的。连升平署总管也不知道是犯的何罪？及至到同治面前谢责时，皇帝才说：我看你还奸不奸！总管知道是为此，才敢问：主子为什么打他，同治说：就为他太奸。总管说：主子打错了，他这是演戏，装什么人就得像什么人，不是他奸哪！同治也乐了，说打错了，赏他罢！总管问赏他多少，同治说：使他自己说罢。溜子说：一竿子十两银子。同治登时应允，赏了他四百两银子，他以后便在彰仪门外，买了一所房子，几亩地，还买了两把骆驼，便成小康之家，以后就不大演戏了。听说他的子弟，有在富连成科班学徒的。

演戏论刻，宫中演戏，不论钟点，只论演几刻，再细则几分，由一刻两刻，到十刻二十刻，永远是论刻。每日所演之戏，横列于木牌上，每出下边，都注明几刻几分，从前这是不许错的，每出戏差一两分尚可，再多总管就要说话或申饬了。有时候也有伸缩，倘这出戏，皇帝爱听，他也许使多唱一段。有一次德林唱《花园赠金》，西后听着好听，说：接着演《彩楼配》吧。这也是德林生平得意的事情。但这也是很难有的事情，宫中的规矩，往往传到外边，但不容易全体都传染上。例如且住二字，外边虽也有念且慢的，但念且住的仍不少。惟独演戏论刻因宫中如此说法，于是外边也就如此说法了。有人说这是老的说法，从前洋人钟表，没有传到中国的时候，当然不会说几点钟，或几个钟头，因为这是有了钟表以后，才有的名词。从前只是说几个时辰，但时辰的时间，相离太长，所以都说刻，这话也很有道理。现在青年的脚色，有许多已经说演几个钟头，这也算是戏界一个变迁。也可以算是一个小掌故。

白猿献桃西后大乐

总管太监告诉德林：在宫中演戏扮戏，不要慌，各戏长短，都有准钟点，连跳灵官的时刻，都是准的，一听到唢呐响，就知道佛爷由宫中动了身了。再在演戏的时候，你要留神看佛爷喜欢哪一个腔调，喜欢哪一种动作，日期长喽，你便可明白佛爷的心理，你再揣摩，将来没有个不红的。说这话的时候，孙菊仙适在旁边，他说：不止留神佛爷对于自己，连对于别人的情形，也要留神。我们戏班中的人，最能揣摩佛爷心理，最能讨好看，当推侯俊山为第一（即十三旦），这小子可真有门儿。一次佛爷议论天明亮（是否此人，我记不清了，然天明亮确是彼时出名的梆子腔旦脚）演《送灯》，某一句的身段，可真好看。这小子听到耳朵里了，过了两三个月，他演这出，他跟天明亮不是一样的路子，他看着佛爷高兴，特别故意没有照那个样子演，佛爷挑了眼了，说：你应该怎样演法，他恭维了佛爷一大顿，说：佛爷可是经多见广，看的多，知道的多，奴才听见老辈说过，好像就是这种演法，常想改过来，但记不清了，问人又多不知道，如今得佛爷指教，真是一生的幸运，趴下叩了三个头谢恩。这样一来，不但没有降罪，且大为高兴。你看这小子鬼不鬼。德林又说：一次他回老家张家口，回京带了两个大白菜，两个大苤兰，都重二三十斤，他带到后台，得了个空儿，他扮成了一个猴，头顶大苤兰，跪于台上，算是白猿献桃，西后大乐，赏了他二十两银子。

宫中排戏情形

谈光绪年间宫中演戏的情形，先得谈谈已往的情形。最好是由乾隆朝说起，好知道他的来源。清宫中在乾隆年间，是常常排戏的，专为乾隆编的戏，如《五福五代》《万年甲子》等等，大概共有一百多种。我所收藏的，就有六十几种。故宫博物院及国立北平图书馆，收藏的亦各有几十种。这还不算，又有大本的戏，如《劝善金科》《阐道除邪》《升平宝筏》《昭代箫韶》《鼎峙春秋》《铁旗阵》等等，都是张熙他们所编，每种都是一二百出，多的到二百四十出。这些种戏，每种一排就是几个月，大概是没有几个月的功夫，也万排不熟。因为他是特别的组织，特别的规定，一切切末场子不用说，就只说行头，《昭代箫韶》一戏，光蟒袍就有一二百多件。这种戏是编出来之后，先开单子，交江南三个织造官，制造行头，所以大本的戏，每一种都有特制戏箱，别的戏不能用。这些戏组织之复杂，用人之多，都是外间所绝对没有的，所以每排一戏，就得几个月的功夫，于是闹的几几乎是每天都得排戏。排戏的时候，所有景山南府两处的演戏人员，都得到场。有时用几百人，升平署人员，固然都要到，内务府人员，也得参加，连编戏的人员和张熙、庄王等等，有时也都要到。乾隆也常亲自去观看，这也可以算是宫中的大事情。所有的演员，有太监，有由南方挑选来的，有由旗民中挑选的，这种都是青年，被选后才学戏，后来称呼外学。

从乾隆到光绪

乾隆平生，很爱听戏，宫中的戏台，大多数是乾隆年间建筑的。大致分三种：第一种为大戏楼，乃三层，上层出神仙，中层出人，下层出鬼怪；这三层上层名曰福台，中层名曰禄台，下层名曰寿台（光绪年间，西后改上层为寿台）。这种大戏楼，是大庆典用的，如万寿及大捷献俘，赏百官观剧，才在此处演唱。如宁寿官之畅音阁，颐和园之德和园，热河行宫之清音楼，等等，都是这种。第二种为平常戏台，乃一层，与外间平常戏台，差不了多少。平常皇上的宫中妃嫔，及亲贵眷属等观剧，都在此。如颐和园之听鹂馆，北平南府戏台，宫中漱芳斋戏台，等等，都是这种。第三种为小戏台，极简单，预备自己个人看戏的。如：宁寿宫倦勤斋之小戏台，南海春耦斋之小戏台，等等，都是此种。

《雁门关》陈德林饰萧太后

在清代，若只按演戏说，乾隆年间，可以算是极盛时代。乾隆一死，嘉庆崇尚节俭，演戏一事就冷落多年，然尚未大事更动或裁减。到了道光年间，就裁减的很多了。分成内外两学，所有太监之学戏者为内学，旗氏子弟之学戏者为外学，并订明额数，只许减不许添。宫中平常庆贺演戏，只用内学，遇有大喜庆之事，才用内外学合演。咸丰年间，国中多难，更谈不到演戏。到了同治年间，大江南北，都平静了，这可以算是清朝的中兴，国内承平，西后身为太后，又想乐和乐和，于是又常常的演戏，只是宫中若干老脚，看久生厌，不但对于演员不爱看，对于旧有各戏，也看厌了。但清宫的规矩，不许用外边的脚色，于是她想了个法子，挑选了十几位老脚，教宫内各演员，名曰请教习，不在禁止之列。

推翻从前规矩

后来由这些教习，与升平署总管商量，出了个好主意，又多挑选了十几人，仍曰教习，但兼带演戏。由此之后，西太后胆越大了，慢慢的传整个戏班，进宫演戏，后又有时两班合演，乃至三班合演，例如三庆、四喜、春台、嵩祝成、太平和、义顺和、福寿等等，共十一二班都是常传演的。所以彼时到戏园子听戏，戏园门口，往往贴一小黄纸条，上写“传差”，听戏来的，就算是白跑了一趟。如此者数年,因为想听这一个人的戏,就得传他的整班,且最多传到三班两班,脚色仍不能齐楚,于是又改换办法,挑选名脚进内当差,这算把从前的规矩,完全给推翻了。这种办法,大约是光绪中叶才有的。从此以后,就不再传整班了。最初选的,不过十几个,以后慢慢增加,最多的时候,到过一百四十余人,那个时候北平的好脚,可以算是都进宫当差了。最晚的是王凤卿、朱桂芳二人,余叔岩、梅兰芳他们都没有赶上,他二人是于溥仪结婚后,宫内大庆贺时,才得加入了一次。自从所有名脚,都进宫当差后,西后越发高兴,这才起意,排演新戏,又接着排整本的戏。这可以说是西后看戏,最盛的时代,也是陈德林最走运的时代。

在光绪年间,虽然排的戏很多,但都是旧戏重排,且都是单出,没有任何新编的戏,有之也就是外头排好,在戏园中演过之后,才在宫中演唱。这些情形,说起来话也太长,谈不胜谈。兹只谈谈重排整本的《昭代箫韶》,因为排这出戏,与德林很有关系,且值得一说。据说是因为西后看着德林去八本《雁门关》的太后,非常之好,所以才排这出。

按:《雁门关》的太后一脚,与《四郎探母》的太后,一样的性质,在德林未演之前,永远归花旦行扮演。光绪年间,扮此最出名最受欢迎者为梅巧玲,人呼胖巧玲,樊樊山有一句诗,曰"天子亲呼胖巧玲”者是也。后来则有杨朵仙，即杨宝森的祖父。最后出名者为李宝琴，因他胖，就援胖巧玲之例，大家都呼他胖宝琴；民国之后，年虽老，尚能教徒弟。自陈德林去太后，这行算是归了青衣。德林在宫中演戏已久，每次都看到西后入座睹剧的走法，他把西后的步法、姿式、身段，都看得很熟，且在家中，私自也常摩仿练习，日期长久，学得很像，但别人都不知道。一次他去《雁门关》的太后一出台，就学的是西后的脚步，但台步之间，有唱功，走不了几步，就得立住，学的虽像，大家还不大理会。及至进场时，因为斜场下，他特别往上场台柱，多走了几步，如此则由上场台边，到下场门，距离较远，多走些步，可以使他的步法姿式，很容易明显。他进场之后，不但太监宫女们，看着像西后之行走，连各妃嫔，都以为极像。西后大乐，不好意思夸他别的话，只说了个他真聪明。以上这一段话，德林自己并未说过。后来我拿这套话问他，他笑了一笑，没有说什么。隔了一会，他说：这个在宫里头，不能承认的，你要说实在是学佛爷，她高兴夸你两句，自然是很好；但若不高兴，说你擅敢学我？也可降罪的。我说这话有理，但他后来在外边演戏，如《四郎探母》等，永远如此走法，德林去《探母》之太后得名，也全在此。因北平人人知道，他是学西后，所以这一场台步，永远有全堂的好。西后因看了德林去太后，才决定排整本的《昭代箫韶》，所以说排此戏，与德林很有关系。

《昭代箫韶》，乃清乾隆年间张文敏公（名照），字德天所编（或云非其所编），为清宫四大剧本之一。四大剧本为：《劝善金科》《升平宝筏》《鼎峙春秋》《昭代箫韶》。《昭代箫韶》乃演宋金交兵故事，以《杨家将》小说为蓝本，又采入了宋史中的事情，其余各小说、鼓词、越剧等亦皆搜罗在内，共二百四十出，可算巨著。我常想八本《雁门关》《四郎探母》《查关》等等这些戏，对于金人，都有讥讽的意思，至少是有轻视的情形，金与满洲是同族，且清人认金为其先祖，何以这些戏，在宫中未被禁止，而且常常的演唱，且看着非常起劲，我就不知道是怎么个原故。尤其是西后，自己梳着两把儿头，看着梳两把头的受侮辱，而不怪罪，且很高兴，这是什么意思？问过许多人，都答不上来。有的太监说，老佛爷是看着得意，言外是你们的金朝，没有成功，没有征服一中原，而我们都办到了。我说这话恐怕靠不住，那么《查关》这出戏，不但侮辱旗人，且有点侮辱女性，她为什么也爱看呢？（因为宫中戏单上，常有此戏，所以知道她爱看，否则不会常演。）

作者来鸿

本文题目为“谈陈德林”，而谈的清宫中演戏的情形很多，或者有人讥笑我，写的都是题外之文。这话我也不能否认，但所以如此者，也有点原因。清宫二百余年之演戏，关于国剧掌故的一大部分本，应该写写。可是要想详细写，则非几十万字不可。这部工作将来或者可以补做，现在是无此闲暇，所以只借谈德林文中，带着写了一个很简单的轮廓。为什么偏借德林写呢？因为在宫中演戏的人，如鑫培等及排戏的人杨隆寿等，虽然都不少，但帮助编戏的人在戏界中，以德林为惟一的人才，故特借他写了一些。

西后自编唱词

为什么未谈陈德林之前，先谈了许多宫中演戏的情形呢？因为所有的名脚，虽然都在宫里头当过差，但都只是演戏，没有在宫中帮着编排过戏的。因为排戏都有专管的机关，比方说从前编戏，除特派大臣（如张昭等），都归乐部及和声署担任，排戏则归升平署办理。这些事情，在乾隆时代，当承平之时，又为皇帝所好，所以是大明光众的来做。到光绪时代，西后虽想娱乐，但国势日紧，从前的乐部和声署等，早已裁撤，没人再来编戏，所以在西后时代，宫中所编排的戏，都有德林帮助。别的戏，他帮助少，就是《昭代箫韶》这本戏，他出力就很大。

《昭代箫韶》原为昆腔，此次改为皮簧，却是一件很大的工作，升平署没有这种人才，紫禁城内只有内务府、如意馆、太医院几个机关，于是就由内务府如意馆及太医院诸人出来全体帮助。可是如意馆、太医院对此事是完全外行，只是帮助抄写，内务府虽较为内行，而通文之人则甚少。按宫中关于文字的事情，都交翰林院办理，可是这件事情，西后又不好意思交翰林院，于是就大家胡凑起来，西后自己编的唱词也很多，德林除安置场子并编词句外，还要把西后所编之词，都安上唱腔。

德林常对我说：老佛爷（宫中如此称呼，戏界也都是如此）所编的词，不但不能改，而且还得大恭维。可是有许多词句，真是难以安腔，无论如何，也得想法子迁就。所安的腔，唱出来好听，她便得意，自以为编的词句好，容易唱；倘安的腔唱出来不好听，她不好说她词句不容易唱，她说腔安的不好。所以她编一套词，交下来安腔，就得出几身汗。最初是很难，因为腔安的好听，字音则不正，戏界名曰倒字；字音正，腔又不容易好听，所以要大费斟酌。按以上这种情形，在西洋是没有的，而中国字向分平上去入，倘字音不准，内行就要说闲话。德林说的这套是真能知其甘苦者。德林又说，后来就胆大了，也就省事多了，因为一次同谭鑫培谈起这种为难的情形来，鑫培说：你不要太傻，从前听昆曲，还有人讲究，字音倒不倒，如今听皮簧的人谁讲这个？只要好听就成。德林说：倘佛爷怪罪下来呢？鑫培说：你先试着步来，看情形如何，倘佛爷说了话，你就赶紧回头，否则就如此做下去，岂不省事。德林果然试了试,西后不理会,此后就放心大胆,随便安腔,自此以后,就省力多了,所安的腔,西后听了,都很高兴,从此在西后面前大红,每逢各王府有庆贺事情,倘演戏,则西后必面荐德林代办一切。

史松泉的《施公案》

以上这段事情,未免太琐碎,我所以特别写此者,一是要说明德林在宫中怎样红,二则也可以知道宫中排戏的情形。其实这并不新鲜,宫廷中历来都是如此。例如唐明皇帝同梨园子弟,在一起研究,山、陕一带,有传流着的御制腔。他当然是由宋朝传下来的。清朝乾隆也曾与庄王、张照等,研究腔调,也名御制腔,后来有人管弋腔也叫御制腔。西后对于昆曲填词,当然不够资格,然对于皮簧的词句,尚能对付,所以她编的词也不少。当时与德林同样红的,还有余玉琴(以小名余庄出名)。叫天他们红,专是演戏,此二人则常常帮助做事,能亲近西后的时候较多,所以又是一种红法。二人虽红的差不了多少,但德林道德,则较高的多。比方:余常倚仗在宫中当差的关系,由上海运些东西到北平,而不上税,一次他由上海买了一份整箱戏衣,就没上税,而德林则决不做这等事情,这里有一回事,可以附带着谈谈。

《施公案》这部小说,在清朝很红了些年,可是光绪以前,没有人把他编成戏剧。有之,也就是些枝枝节节单出的戏,有史松泉者,把他编出全本,交福寿班排演出来。当时戏中脚色,记不十分清楚了,但记得黄天霸仿佛是刘春喜,至迟润卿(福寿班的老板)、李顺亭、陈德林、陆华云、赵仙舫、范福太、唐玉喜、余玉琴、路三宝等等,都在里边,但是某脚去某人,说不上来了。史松泉为什么编这出戏呢?因为史曾做过户部银库的经丞,因事被参,贿报死亡,后来又不甘自作黑人,遂特编此戏;因陈德林时在福寿班,且在西后面前最红,所以交福寿班排出,并商请德林把此戏带往宫中去唱,乘机奏明西后,说这是某人所编,或可得恩旨免罪。当时还不敢直说真姓名,假名为史重旭,因他是九月九日所生也。德林以为此事恐有不妥,不愿在宫中去演,经史再三请求,许以重赂,德林不得已,告知南府总管太监常某。德林说,我虽然同您谈此事,我可并不想实现,因为史是有罪之人,我等不应该干涉,再者倘被御史知道了,给参一本,那可更受不了,总管常某也是这种思想,遂作罢论,以后外边也就不常演了。此事足见德林自爱,不然未尝不可发一笔大财。现史某手写之本,尚存在我们国剧学会中。

正宗青衣

德林倒嗓以后,许久没有回来,幸赖自己用了许多苦功,嗓音才能复原,而且比幼时,还高的多。在光绪中叶,执青衣牛耳者，十几年的工夫，彼时除孙怡云，差可抗衡外，可以说没有第三人。他嗓虽然高，而且刚而能润，这当然是很难得的嗓子了。不过稍有缺点就是宽亮尚稍差，所以他的最好的腔调，是慢板二簧。自四十岁以后，因年老扮相稍差，乃专演青衣的戏，外行人多以正宗青衣恭维他。他曾对我说过，人家说我是正宗青衣，意思是恭维我，我能够不接受吗？可是我听着这句话比骂我还难受，他们以为我不唱闺门旦的戏，不唱花哨的戏，说我规矩，其实我青年扮相美的时候，我一样的唱《闹学》《琴挑》《惊梦》《乔醋》《穆柯寨》《活捉》等等，如今老了，五十多岁的人了，扮相差了，不专唱青衣的戏怎么办呢？难道说我十几岁的时候就只唱青衣的戏吗？那我不成了里子货了吗？

德林这话，当然是很感慨。尚小云刚一出名，还没有人给他编新戏，他当然就只演几出旧戏，恭维小云的人，也都赞他为正宗青衣，小云亦颇以此名词自居。一日他同我谈到此事，我就把德林这一套话告诉他，他才不得意了。后来他排出来了一出《摩登伽女》，完全是西装跳舞，不但不够花旦，而且出了国剧的范围，我问他：你的正宗青衣，在什么地方去了？德林也曾对我说过：小云之《摩登伽女》，完全出了旧戏的范围。他又说：您所给兰芳编排之戏，虽也新颖，许多从前没有的东西，但总未出旧戏的规矩。我说：您当然是当面的夸奖。他说，绝对不是恭维，您所排的戏，虽然一出有一出的特别，但衣服永远是中国的衣服；舞的身段，永远是中国的姿式，这与《摩登伽女》，是不能相提并论的。（按：德林这话，自然也有恭维我的意思，但也确系实情。）我又说：戏剧原是娱乐的事业，并不必有极端严厉的规矩，只若大家欢迎，能够卖钱就可以演。他说，这话自然也有理，但不能说他是旧戏就是了。

初识德林

德林向来不说后辈的闲话，说此话时，屋中只有他夫妇及我三个人，所以他才肯这样说法，然因此亦可证明老脚重视旧戏之规矩了。德林又说：特别花哨不规矩的戏，不必说一定不可以演，偶尔为之尚可，万不能多演，因为演多了，就有了习惯，演规矩戏的时候，也就不能规矩了。我说您这话，说的太对了，以后我就常对青年脚色，述说他这几句话。

我与德林认识相当早，我们初次见面，在前清光绪庚子的秋天，该时我住在同学程绍唐家中（即程长庚之孙），在琉璃厂西边椿树二条。我由那里到安徽会馆，彼时该馆中住着德国军官，路过百顺胡同，刚要到一个门口，听到门内的说："拿我别东西可以，拿我行头就是要我的命！"我听到这两句话，我就知道是有外国兵来抢。走到门口，往里一看，三个外国兵，抱着行头，想往外走。一个人手持门闩，站在门口，堵着不让出去，可是外国兵直乐。我仔细一看，认得是德林。我就上前问：是怎么回事？我跟外国人一说外国话，外国人一听我说他们的话，也就很亲近的问我：他说的什么？我就问德林，他说：拿我别的东西不要紧，拿我行头，就是要我的命，于是我就告诉外国人说：他是唱戏的，你们拿的是他的行头，他没行头，不能演戏，以后就不能生活了。外国人很同情他，拉了拉手就走了。在我进门口时，他们早已把行头放在地下。这回事就是我不到场，外国人也不会拿他的行头走，因为我看到外国人时，他们脸上就都是乐的。但是因为我来到，这件事情，完的快一点就是了。可是德林却很感谢我，他问我：贵姓？我才告诉他，我说：我常听您的戏，所以早就认识您。当时一提我的名姓，他也很知道。因为彼时，外国人天天抓苦力，大家不敢出门，琉璃厂一般商人，组织了一个会，会中可以帮助外国人，但求其不要再抓苦力，我很帮这个会中之忙。凡会中的人，都请求外国司令给一护照随身带着，外国兵一看此照，便不再抓。这些护照，都是我写好，送外国官员签字盖印，当然效力非常之大。我写了许多，彼时没有洋纸，中国纸外国人不能签字，于是就把用过的旧字画，裁碎在背面写之，德林也得过一张，所以他知道我。当天我在他家很谈了会子，后来又见过几面，以后直到光绪末年，并不常见，不过偶尔遇到谈谈而已。

老夫子的由来

在那个时候，演员这种毛病并不多，没想到到了上海及台湾，这种毛病可就很多，演《武家坡》，王三姐也跟台下飞眼；演《起解》《会审》，苏三也同观众丢眼神，似此种种不一而足，闹的青衣、闺门旦、花旦三种脚色的表情，没有分别。这还不足，近来人演《双娇缘》，总是讲一去三，颇自得意。可是演宋巧娇的时候，自以为很够庄重，然而因演惯了刘媒婆，不晓得哪一个时候，刘媒婆气味不自知觉的就流露出来。这总算是把刘媒婆的表情，给宋巧娇安上了，这合乎道理吗？然而演戏的人，方在得意，看戏的人也大为捧场。国剧到了这步田地，不能不说是退化，由此佩服老脚们演戏，是注重规矩的了。

许多人恭维德林为正宗青衣，他已经不爱听了，还有呼他为老夫子这个名词者。更有许多人说，戏界人通称他为老夫子，足见大家对他之尊敬。其实老夫子这个名词，来源也不是那么回事，这是王瑶卿给他上的一个外号。瑶卿得在清宫中当差，乃是德林的保荐，照宫中的规矩，凡经某人保荐的脚色，永还得管保荐人叫老师或先生。其实这也没什么明文，不过就是升平署总管太监等等，创出来的这种称呼法，他们以为举人进士，都是由大主考房官等等保荐的，都称为老师，自己称门生，那也是由保荐人,保荐给皇上家的,这也是由保荐人保荐给皇上家的,事同一律,当然也得叫老师。不管他的理由如何,但他说出来,大家就得遵守,否则他可以怪罪的。瑶卿之于德林,当然也不能例外。按岁数说,德林比瑶卿大约长二十岁,他本可以呼为老师,但他们戏界,串着蔓都是亲戚,论亲戚他是叫德林哥,而且叫了二十多年的工夫,也叫惯了,临时再改,也有点别扭,瑶卿又不是那样拘谨的人,他也不愿叫,但在宫中叫德林哥,是万不许的,没法子他就送了德林一个外号,曰老夫子。外界人不知,以为是完全是恭维的意思,其实不是那么一回事。

德林为人,道德很高,极讲信用。第一当来手,不赚无理之钱。第二不乱收徒弟,下边分别谈谈。

不要黑钱不收徒弟

什么叫做当来手呢?从前团拜、庆寿等等,演堂会戏,必先请一位当戏提调。团拜的堂会,则请本省或本科中之熟于演戏之事者任之。庆寿则于亲友中之熟于此事者,求其帮忙。戏提调,虽熟于演戏,或认识戏界中人,但他认识的人总是少数,而且也不能亲身到各家去找,所以必须找一位与己相熟的戏界人,一切由他承办,这种人就名曰“来手”。当来手也得有两种要素:一是对于常当戏提调的人,得常常来往应酬,有机会就得去请请安。各省同乡,各科同年中,都有这种人员,当来手者也得常常去酬应。二是得自己有长搭之班,所谓有班底,还得到各好脚家中,常常走走,因为这种关系,每日东奔西走,也相当的忙碌。彼时当来手最多者,首推余玉琴。所以戏界中人讥笑他,说他睡了觉,他的鞋在床下还喘气。这话可以算是幽默到家了吧?他为什么肯卖这样的气力呢?当然为的多赚几个钱。德林向来不大敷衍人,可也不赚黑钱。黑钱的种类很多,例如约某脚,某脚索二百元,他却开三百元。听说现在台湾这种情形还很多。而德林则绝对不干这种事,所以大家对他多有好感。

为什么不乱收徒弟呢?民国以后,有一种很坏的风气,就是拜师傅收徒弟。按说拜师傅求学,是只有好处,绝对没有坏处的,为什么说他是坏风气呢?这也有个原因。在徒弟一方面,还有真想学点艺术的,但不真心想学的,也大有人在。在师傅一方面,则几几乎可以说是没有真教的,有之也不过是偶尔说几句而已。总之是徒弟携师傅以自重,师傅以徒弟多以自豪。此外还有捧坤脚的一般人,为得该脚之欢心,设法介绍她拜某名脚为师。这种人固然多是另有用意,然为师傅之收徒弟者,有时也另有用意夹杂其间。这些事情,实在不应该多说。德林向来不大收徒弟,真正给他叩过头的,只有王勤依一人。有人说姜妙香也算拜过,其余则皆未正式拜师。但德林对后辈,极肯指教,且极殷勤和蔼。例如他跟兰芳,并没有拜师,可是他对兰芳,无一处不尽心;而兰芳对他,也无处不以师礼待之。但是那些女脚们,他总是以躲为事,可是女脚们,也不会去找他。

晚年登台

民国以后,我因研究戏剧,便常常到他家去请教,有时候谈两三个钟头,他也没有不高兴的样子。他是同治元年生人,咸丰以来的名脚,他都赶上听过看过,所以他知道的很多,提起哪一位名脚来,他都可以述说一大套,听着真是有味。我固然问过的人很多,但我得的德林的益处,也多得很。可惜我彼时只注重艺术的研究,忽略了各名脚的记载,否则把他所说的情形,都详记出来,不但可把各名脚的德行艺术传之后世,而且也是很好的一部梨园史。现在再想从新追忆,就很难了。

我得过他益处很多,我常报答报答他,给他编两出戏,但他年岁已长,不能常演,又不搭长班,亦不能排演,后来又想给兰芳排戏,把他加入,他可以使人多看到他几次,否则他只演《探母》《武昭关》等等少数的戏,每年不过出演几次耳。然又有难处,兰芳有新戏,必要到上海去演,而德林因年老不愿出远门,且与凤卿戏码,前后不好安置,又未能如愿。不得已只于《麻姑献寿》《上元夫人》两戏中加入他为王母,并且特告兰芳演《大登殿》,

请德林去王宝钏，兰芳去代战公主。因为公主唱词中，有王宝钏比他好看这类的话，马大江海词中也有这类的语言。德林扮好之戏，忽然想起这种情形，对我说：这出戏唱着不合式，我问为什么？他说：若说我比兰芳长得好看，台下非乐不可。我乐了，说：不要紧，我早有安排，您到台上一听就知道了。我给他改的是：公主问："怎么这位姑娘看着很面熟啊？"马大江海说："敢情熟？他是你的先生呢！"把原来的问答，整个改了，台下大拍掌。这话固然不合戏情，但由小花脸说出来，也不算出范围。这样一捧德林，他当然大乐。

陈德林与弟子

漫谈杨小楼

杨小楼（代序）

小楼名嘉训，因其父月楼名杨猴子，所以他又名小杨猴子，乃小荣椿科班毕业，因得杨隆寿、姚增禄诸名宿的指导，故艺术极有根底，又拜俞菊笙为师，技艺更有精进。毕业之后，艺名嘉训，在北平演了些天，并未使人注意。他所以红起来的情形很特别，一次天津来约，他答应了，过了两天，天津另一戏馆又来约，他也答应了，两边都用的杨小楼的名字。彼时尚无报纸，两戏馆互出报子，彼此相争，彼此互骂，闹的满城风雨，人人注意，可是小楼不敢去了。后经人调解，才去演唱，因为闹的满城风雨，人人知道了，人人都想看看，所以一唱而红。回北京后出演，便用小楼二字，渐渐红起来。又拜鑫培为义父，鑫培升平署太监前保举他，挑得宫内差使，西后一见大喜，遂大红而特红。西后爱他的热度，实比他人高的多，虽鑫培亦不及。王长林与李永泉（外号溜子），二人最为西后所不喜欢，他二人除定例外，没有得过一次赏赐，所以二人常说闲话：人家小楼到宫里来演戏，如同来住姥姥家（意是外祖母都疼爱外孙也），我们俩人，是来打刑部官司来了。即此足见小楼在西后前之人缘。

有人说他演戏完全学俞菊笙，其实并非如此，他摩仿俞的地方当然很多，但俞之长处，在魁伟雄壮，他的长处，是雍容雅练。比方说，他也恒演《拿高登》，但他的体态动作，绝对不像一个高登典型的人物。他不但不像一个土匪，连所有剧烈动作的戏，他演着都不合式。戏界老辈都说，和玉、小楼各有所长，比方演《挑滑车》的高宠，派将一场用小楼，大战用和玉，则二人都好，若反个过，则二人都不够好，这真是内行话。小楼以他雍容的神态气魄，因演靠背的大将戏，或穿箭衣的武士戏，都极相宜，所以《长坂坡》的赵云，《连环套》《恶虎村》等戏的黄天霸等，都可以说异常之好。早于他的几位名武生，如俞菊笙、黄月山、李春来等，都常演这些戏，也都很好，但有的地方，确不及小楼。此事说起来话太长，若只把《长坂坡》一戏大略谈谈。在前清光绪年间，北京演此分两派，一是梆子腔班的《长坂坡》，这派早已有之，大约总有几百年的历史。李春来为梆子班出身，后虽改唱皮簧，而演此戏，则梆子班规矩较多，连尚和玉也是乡下班出身，所以也稍带这种情形。一派是皮簧班的《长坂坡》，这派实创始于三庆班之全本《三国演义》，也可以说是创始于杨月楼，因全本《三国演义》之赵云一脚，自始至终，都归他一人担任也。全剧为卢胜奎仿清官《鼎峙春秋》所编，《长坂坡》一段，乃是其中的重要场子，当然有利用梆子腔旧本子的地方，但为全剧结构的关系，他不能不有变动。据老辈云，《长坂坡》一戏出场入场的安排，为皮簧戏之冠，此事余在《上下场》一书中，已详言之，兹不再赘。其场子的安置，是卢胜奎的工作，而赵云的身段等等，当然都是月楼安排的，安置的很好，连戏界老辈都很佩服，所以极受欢迎。后来不演整本，单演《长坂坡》，也极能叫座。月楼年终封箱戏，恒演两出，一是《二进宫》，一即《长坂坡》（此亦写于月楼名下），永远满座。月楼此戏，唱功、白口、表情、身段、把子都好。尤其是掩井后大战之一百单八枪，更为精彩。俞菊笙演此戏，当然也是三庆班的路子，但他与月楼，总算同时人物，他不愿太显明的学他，所以又有了点变动，不过俞嗓音稍哑，唱功白口都不及月楼，把子神气等，也实不弱。小楼乃光绪四年生人，比我小一岁，他父亲约死于光绪十四五年，死时他还很年轻，大致虽看过，也未能摹仿，但因张长宝与他家为世交，与月楼同演时极多，把月楼的身段，告诉他的也不少，所以他演此，可以说完全是他父亲的路子。然总因他身段雍容，打起把子来，不够剧烈，不够脆快，所以大战的一百单八枪，不但不及俞菊笙，且不及尚和玉与俞振庭，然他的把子，因得钱金福的领导，也很规矩大方，至于其他一切，态度、气魄、歌唱、白口，则不但比尚和玉及俞振庭高，且优于俞菊笙。

（据《清代皮簧名角简述》）

他在西太后面前红得发紫，赐赏“扳指”的故事，有些耐人寻味。

这篇文字的写法，既非小传，又非碑文，想到什么就写什么，好坏一齐写，孔夫子所谓“瑕不掩瑜，瑜不掩瑕”，只就是随便谈谈。中国向来有句谚语，曰：闲谈莫论人非，总应该隐恶扬善。为什么人家的坏事，也要说呢？这话不是这讲法。这里说的好坏不是关乎人的私德。这些年来，报纸上常常看到，谈到演员私事，且有恶语攻击的，这固然于法律上站不住，于道德上也站不住。我当然不是那样写法，所谓坏事者，也都是关于戏台上演戏的事情。按台上演戏之好坏，是有目共睹，无须乎隐藏的，也是不能隐藏的。且有时所谓坏处，也或者就是好处。再者，下边所说的情形大部分都是听的戏界老脚的议论，并有我目睹的情形，我通通把他集到一起就是了。

杨小楼便装照

小楼第三

杨小楼自然是光绪末叶民国以来的第一名武生，但在全戏界他可以算是第三名。以前的脚色，不必说，五十余年以来的红脚，共有三个人。前清光绪二十六年（1900）前后，以至民国初年，最红者为谭鑫培。民国以后，最红者为梅兰芳。杨小楼虽然不及他们两个人红，但也能抗衡。或者有人以为余叔岩也可以与他们相提并论者。按相提并论,固未尝不可,但情形上,就差多了。第一,叔岩在正中年的时期,因为嗓音失润,歇了十几年,只不过在春阳友会票房中混混,永未登台,此节容另谈之。又或者有人以为说谭鑫培梅兰芳胜过杨小楼为不当者。捧小楼的人,很可能有这种论调,但我这话也不是无根据的,这里可以举出两件实事来,作一个证明。在宣统年间,谭鑫培领班,一日戏报已贴出,忽因故不能演,无法,只好觅人代替,便找的杨小楼及侯俊山(即十三旦)二人。每人一出,借以补救谭之戏码。其奈届时观众不肯策应,若干人到前台去说:谭实真病,不克出台,才有此举。央告半天,才算完事。鑫培最爱说此事,我在他们的正乐育化会中,就听他说过两次。他表面是表明他不肯失信于观众,而心中则是虽十三旦杨小楼两人,都不能抵他一人(彼时也是十三旦最红的时期)。再者在朱幼芬约梅兰芳杨小楼共成一班时,班名崇林社,意思是两人之姓,都有木字旁。在这个时期,两人永无竞争,谁的戏硬谁就唱大轴子。如是每逢演《长坂坡》,梅饰糜夫人,到他一跳井,则观众一定开闸,而小楼亦必匆匆了事。后台戏班人都说,《长坂坡》改为《跳井》完了。其实这种情形不能说就是小楼的不好,简直可以说是听戏人外行。《长坂坡》一戏脚色虽然很多,但正脚总得说是赵云的戏。民国以来演《长坂坡》的赵云,又以小楼为最好,而赵云的戏最好最重要的,是后头的一百单八枪等场。观众于糜夫人跳井之后,即行离去,是这出戏的好处都没有看到,花钱买票岂不有些冤枉呢?一次我到后台,把这话告诉小楼,并对他说,万不可如此草草。观众只管走,那是他们外行,自己应该怎样做还得怎样做,自己的信用名誉要紧。他对这套话,也很以为然,但到时候,因观众一走,心中总是不高兴的。以上只举两件事情,其余可参观后边的情节,但由此便可知道,他三人的情形了。

戏界对杨小楼的批评

戏界人对小楼的议论,前后颇有点分别。在光绪庚子前后,老脚们批评他,都说他身段松懈懒散,不够边饰,不够紧凑。他偶尔演猴子的戏,都说他笨拙,是一个大马猴。在他初享名之时,确也是这种情形,因他刚出科登台没唱红,就跑到天津去了。在天津因他种原故,乃大红而特红(此层详后),回京后,亦随着红起来,而其本领仍如故。且去津不过一个多月,哪能就会改善许多呢,所以老脚仍瞧不起他。可是庚子以后,到民国初年,这二十来年的时间,议论他的人,就有好评了。他们的论调是,“老脚们都不满意小楼,是不错,他也是不够好。但是你说他不够雄壮,是不错的,但也不软弱;固然不够俏皮,但也不呆板;固然不够脆快,但也不笨滞;固然不够精练,但也不懒散;固然不够边饰，但也不松懈；嗓音虽然不搭调，但响堂，在台上什么人的嗓子，也盖不过他的”。

以上这种论调，虽然不能尽小楼之所长，但也很有道理。他们所以如此议论，是对不满意之老脚发言也。在钱金福王长林诸人，大致都是如此说法。到了民国以后，所有青年之学武生的人，那就都是恭维了。每一个人，都是要学小楼，甚至毛病，也是极力摩仿。在这个期间，尚和玉、俞振庭等，都不常露演。常登台者，只有小楼一人，所以也就是容易享名。于是老脚又有一句评语，他天生的长了一个洋钱脑袋来。这话有两种意义，一是讥讽，说他本领不够，只靠脑袋；二是他怎么动作，也好看，这是天生的不是幸致的，也是他脚不能勉强的；而脑袋好，也是天生的，也是他人不能勉强的。这两种意义，也可以算是一种意义。

北平武生从前分三派

在光绪年间，北平的武生，约分三个派别。这件事情，在表面看，似乎不在此文范围之内，但这与小楼的技术名誉，直接间接都有关系，所以也必须要谈谈。所谓三派者，一是黄月山，二是俞润仙，三是李春来，这三位，虽然都是武生行，但演戏的路子各有不同。黄月山，小名胖儿，通称黄胖。光绪中叶以前多在上海，后来便久演于北平，搭玉成班甚久，唱功极悠扬动听，身段讲雍容舒坦，雅静，而无火气，长于靠背及老头戏。例如《剑峰山》及《莲花湖》的胜英，《独木关》的薛仁贵，《虮蜡庙》的褚彪等等，都是他的拿手戏。戏界老辈人都说，谭鑫培武戏的手段，都是摩仿他，但这层我不敢下断语。后来学他的，有李吉瑞、马德成诸人。黄月山自己排的戏很多，以《风尘三侠》为最好。他与田桂凤合演，我看过两次，极精彩。小楼的身段动作，像月山的成分很多，所以也都雅静，而无火气。

俞润仙，号菊笙，外号毛包，久掌春台班，耳音不好，不搭调，有时在台上，自己小声骂自己不搭调。然身段架子，雄壮坚硬，宽放而雅，因嗓音宽，故长于花脸戏。例如《晋阳宫》的李玄霸，《铁笼山》的姜维，《艳阳楼》的高登，《桃花山》的金钱豹，等等，都是他的拿手戏。因掌春台班多年，徒弟多的关系，所以他名声较大，学他的人较多。小楼虽曾拜他为师，但一生演戏，没有一点像他的地方。例如《长坂坡》之赵云，润仙以雄健胜，小楼以雍容胜，各有所长，谁好谁坏，是很不容易下断语的。在光绪年间，观众看惯润仙之演法，故多不以小楼为然，尤其尚和玉、俞振庭诸老脚，没有一个不说小楼闲话的，多说他太松懈。这种论调，固然有同行是冤家的嫌疑，但也不能说一点道理没有。民国以来的观众，因为没有见过杨月楼、俞润仙的演法，便都以小楼为独步了。

李春来，先在小福胜，后搭源胜和，以短打武生戏见长。例如《花蝴蝶》《采花峰》《十一郎》等脚，均其拿手，《四杰村》《溪皇庄》等戏之走边，亦为他人所不及。身架之英挺，步法之干净，万非他人所可比拟。总之以脆快、边饰、利落、俏皮擅长。小楼也有效法他的地方，但因二人的身体性格不同，所以摩仿的一点也不像，《白水滩》一戏，尤非小楼所能望其项背。惟《恶虎村》之黄天霸，则二人各有所长。老辈人都说，谭鑫培的《白水滩》，有偷学李春来的地方，或然，但我看他二人演此戏的时候，我尚年轻，只知道看着好看，没有辨别力。故对此事，不敢断语。春来在光绪二十年前后，就到上海去演，未回北平，故北平后起之武生，没有人学他，技遂不传，而盖叫天则可以说是专门学他，且能得其神髓。至于盖叫天亲身受过他的指教没有，我却不知，但戏路身架，则大致相同。

以上三人之外，还有一个武生，就是小楼的父亲杨月楼。按月楼武生的艺术，比以上三人并不弱，如三庆班排整本《三国演义》，程长庚的鲁肃带关公，徐小香的周瑜，卢胜奎的诸葛亮，而赵云一脚，即是月楼。又长于演猴子戏，故外号曰“杨猴子”。不过因为他后半路，多是演老生戏，所以武生戏，没有特别创出派别来。然小楼之武生，特别像他父亲的地方确是不少。据老辈人说，他父亲并没有教过他，如此，也可以算是遗传性了。

天津是小楼的发祥地

现在才说到小楼的本身，小楼生于光绪四年，他比我小一岁，自幼入小荣椿科班。小荣椿为名武生杨隆寿、姚增禄所立。隆寿即梅兰芳之外祖父，内庭教师，光绪以后，宫中之武戏，皆其所指导，西后常亲看其导演。一次嘱内监曰，你们给他搬一个座儿，杨隆寿便叩头谢座。戏界老辈，最羡慕此事，说在佛爷面前有座位的，只有杨隆寿一人。（宫中呼皇太后，永远为佛爷，不止西后，如无太后，呼皇帝亦如此。）小楼名嘉训习武生，满科后，搭宝盛和，即名曰杨嘉训。演多日没什么好处，不为人所注意，后拜俞润仙为师，亦未能得俞之长处。且彼时，正是前边所说武生三派鼎峙的时期，青年脚色是不容易出头露面的，于是停演了些日，乃到天津去演唱。

他去了一趟天津，于是名气便大起来。但是名气大的原因，很特别。他去天津之前，同时接了两个戏园子的定银，至于他同时接两个园子定银的原因，我就不知道了。如此，则两造相争，这戏园子要先唱，那一个园子，也要先唱，而那个时候，天津开戏园之人，都是恶霸味儿的，本地名之曰“混混”，小楼当然两造都不敢得罪，便借词推托，不能前往。在这个时间，两个戏园，更彼此登报，各说各的理由，闹的人人皆知，于是小楼之名大噪。后经人说和,在两边各唱若干日,小楼才去。因为大家在报纸上常常看到他这个名字,大家又常议论,闹的人人心目中,有一个杨小楼,都想看看到底是怎么回事,所以到津之后,一唱而红。因为杨嘉训三字,在北平没有响,所以到天津,特用“杨小楼”三字。天津唱红之后,回平演唱,当然也改用“小楼”二字,也就跟着红起来。所以彼时老脚说,小楼小楼的喊的震耳,原来就是嘉训哪!这种论调,便有轻视之意。然士别三日,便当刮目相看,也是平常的事情。

进宫当差

以上乃是第一步唱红的情形,第二步,乃是进宫当差。经人介绍,挑上升平署的钱粮,这在戏界,本等于一步登天。俗所谓一登龙门,身价十倍。不过虽同为内庭供奉,其受宠的程度,亦大不同。这里可以附带着谈几句,以便明了彼时真相。在光绪中叶以前,西后最喜欢的是陈德林、余玉琴(人称余庄儿)二人。西后命将乾隆年间,张照所撰的《昭代箫韶》昆曲,改为皮簧。这本是极大的一个工作,升平署人员不够,由内务府派人帮忙,内务府人员又不够,乃由太医院人员帮忙,西后自己也帮着编。西后编的唱词的腔调,大多数都由德林所创制,故西后尤爱德林。遇各王府有什么庆贺的事情,想演剧时,西后往往推荐德林、玉琴二人承办，说他俩能办事，玉琴因此很发财。因为在内庭当差，往往由南边购买行头，运到北平，当然免税。而玉琴常借此多运许多，因不用上税，利息很大。德林则规规矩矩，故内庭尤称道之。

他为什么要排演《昭代箫韶》呢？因为彼时内庭供奉的人多，脚色全，如孙菊仙、谭鑫培、汪桂芬、王榜仙、杨隆寿、李连仲，等等，都很为西后所喜，故特排此戏。按：《昭代箫韶》，八本《雁门关》，《四郎探母》，这些戏，都是捧宋朝，而轻视金辽的性质。金辽为清朝先人，他应该禁止，何以反倒爱看而提倡呢？我常以此问谭鑫培、小楼诸人，都说不出一个道理来。后问德林，他说窥探老佛爷（内庭供奉的戏界人员，对西后都是这样称呼，连皇太后三字都不说，永远是老佛爷，比方说某人在西后前人缘好，他们都说佛缘好，绝对不说人缘好）的心思，似乎是有点骄傲的意思，言外是金人没有能统一了中原，到清朝才完全成了功，足见清朝的本领，比金朝大，演金朝之戏，借以自炫云云。德林这种窥测，似乎很近情理，则乾隆时之编制《昭代箫韶》，或者也有这种意义，也未可知。

按：原来昆曲的《昭代箫韶》，分为十本，共二百四十出，翻成皮簧，也减少不了多少，所以宫中虽然大家忙了几年的工夫，闹的烟雾沉露天，而始终未能把全部排演出来。该剧总本，及各脚

《连环套》中杨小楼饰演黄天霸

草本，仍整份存于故宫博物院。后来各老脚死的死，散的散，遂未接着再排。西后常对德林说，可惜杨嘉训这个脚儿，没有上排《昭代箫韶》，这句话足以证明西后爱小楼之深。

据戏界人云，在宫中当差之脚，在西后面前，红人虽然不少，就最红的莫过小楼了。太监们说他怎么动作，西后都是喜欢的。西后最不喜欢王长林、李永泉二人，所以他们两个人常说，“人家杨小楼，在宫里来演戏，如同小儿住姥姥家来一个样，我们两个人来演戏，仿佛来打刑部官司的犯人一样”。盖各脚在西后面前红，则太监等对于他，当然就有面子，而西后不喜欢的人，所有太监，对于他，也就不会有面子，故他二人有这种说法。然终因他二人为从前的老脚不可少的配脚，尤其王长林，更是小楼离不开的膀臂，故他二人的差使也不会被革。因西后爱小楼之故，就闹出来了许多谣言，说他二人，怎样怎样。这当然是靠不住的话，然也有许多原因。

赏扳指故事

一位升平署的太监，跟我说过一件事，就很特别。他的谈话如下：“一次杨嘉训演完戏，佛爷高兴极了，对总管太监说，嘉训太好，叫他来，我要特别的赏赏他。总管即把嘉训带至佛爷面前，跪的地方，离御座很近，佛爷说，你今天演的太好，我要特别赏赏你，嘉训叩一个头，说谢谢佛爷。佛爷伸着大拇指，指上戴着一个玉扳指，说你看这个扳指好不好，就赏了你吧。嘉训又叩了一个头，说谢谢佛爷。佛爷又说，赏了你吧，嘉训又叩头谢谢，如是者三次，而佛爷永远也不脱下来。看佛爷的意思，似乎是想嘉训亲手由佛爷手上脱下来，但嘉训他万万不敢，情形弄僵。后总管说，佛爷赏奴才赏他吧，遂把扳指到手，交与嘉训，才算完事。”

我拿这段话，问过几位在宫内当差的老脚，谭鑫培对我说，齐先生说这个干吗。陈德林则说，确有其事。其余他脚，亦都说不假，足见是真的了。

德林还有一段议论，他说戏界人，在排戏或研究戏的时候，往往同皇帝混在一起，说说笑笑，一切举动，都可以像家人、父子一样。听说同治皇帝，常常合戏界的人当面研究腔调，我没有赶上，没看见过。可是光绪皇帝与大家研究锣鼓腔调，是常常亲眼看到的。就是跟佛爷研究戏中的情节及腔调，也是恒有的事情。至于在受赏的时候，跪到皇帝临近的面前从前没听见说过。只有宣统婚礼演戏，宣统把小楼、叔岩，叫到面前，每人赏了一点东西，然那已经是改了民国了。像小楼跪的离佛爷那样近，真是稀有的事了。德林又说，外边传流的话，自然是瞎说，但佛爷之喜欢小楼唯确是从心中喜欢。例如《连环套》这出戏之中，有一句白，曰“兵发热河”。而佛爷因咸丰年之乱，皇帝又死于热河，故极恶此句，但因爱看小楼此戏，特命改念“兵发口外”四字，倘别人演，她就不许演了。而且扳指这件事情，却耐人寻味。扳指这件东西，本是拉弓用的，乃男子所用，女子绝对用不着，或者从前的公主，在青年时，学拉弓，也许偶尔戴，但佛爷偌大年纪，她当然用不着，平常也没有看见她戴过一次。她这次，特别戴上一个扳指，当然是有意义的。当时戏界人都说，赏小楼一个戒指、一个镯子，也没什么不可以，这当然是戏界人的俏皮话，倘把戒指手镯这些东西，赏一个男子，那笑话就更大了。王长林他们还说过损话，说亲手脱戒指，或脱镯子，岂不比脱扳指，还更亲肉的地方多一点吗？以上这一段话，是我在德林家中，亲耳听他讲的。

大约在民国七八年的时候，德林还找补几句，这话也就是这个时候，在这屋里说，若在前清时代，可万不敢说，说出来，最小的罪过，是砍头。德林又常说，西后在王公福晋等面前，常常夸奖他及余玉琴、鑫培、俊山（即十三旦）诸人，而单单没有夸过小楼。这大概是有点不好意思的。但大家因知道她宠爱小楼，她越不夸奖，大家更要捧小楼，小楼就更红起来了。以上乃是他第二次发扬的原因，有这样的凭借，自然是更容易出名的了。

小楼与钱金福王长林

小楼之出名，固然由于上边所谈的两种原因，但他的艺术，也是有特别优良的地方。倘艺术不成，专靠外来的帮助，那是永远不会成功的。这里有人不大注意的一件事情，不可不谈谈。他虽生长名门，又从名武生杨隆寿及姚增禄受业，又拜俞菊笙为师，兼学黄月山、李春来二人，前一辈的名武生，总算都跟他有点关系，但他所得都不很多。那么他的艺术，是由什么地方来的呢？可以说是，大多数得力于钱金福、王长林二人，尤其打把子一层，与这二人，关系更大。几十年以来，我所看到的武脚，以功架、身段、步法、姿式来论，当以钱金福为第一。自然王长林也不弱。现只淡谈钱金福。他在三庆班学徒时，功架、身段、台步等等，就很好。三庆班的规矩，每天各行的徒弟，都要走一个钟头的脚步，教师监视，每行都由好的一人领头，金福便是净行的领队人，这足证明他的功架脚步优良。再有一次，与一人打赌，在地上撒了一层白灰面，一人在上头打把子，连打了两次，钱的脚印，前后一样，不爽毫厘，别人则乱多了，这足见功夫之深。长林的功架、身段、台步等等，虽然不及金福，但也差不了许多。小楼自出名之后，演戏永没有离开他二人，也常私下共同打打把子，谈谈戏，于是小楼于无形中，受到很大的益处。不过小楼的好处，还是天才比学力的比例占的多。我跟王长林谈过几次天，谈过许多关于小楼的话。长林因为晚年差不多是靠小楼吃饭，所以谈起话来，最恭维小楼，大略谈的话如下。关于此层，前边已说过少许，兹再补充着说。

小楼的天才

小楼演戏，可以说是天生的（意即天才），也可说是遗传性。为什么说他是天生的会演呢？因为他所学的技艺，他并没有照原学的来做，可是他也很好看。比方各脚出台一挑门帘，总要聚精会神的用力，以便得好，尤其武生，更是如此，而小楼则不然。一出台帘，一低头，一扬头，就完了，可是也很好看。又如亮相，别人都是照着锣鼓的四击头，硬砍实砸的交代，方显结实，有力量，而他则不然。前边稍微招呼，将到末一击之前，他已站好，俟鼓点到的时候，他把肩膀一动，靠旗子一晃，又俏皮，又美观，又省力，而交代的也很准确。你看着他仿佛不卖力气，偷懒似的，可是他绝对不显懈怠。总之他是不到时候，不卖力气。尤其是关于他生平各种的毛病，虽然是毛病，而观众多数都不讨厌。比方第一他爱闭眼，若在别的脚儿，有这种毛病，那大家一定是讨厌的，而他这种毛病，则有大多数人不讨厌。第二唱戏不入调，可是也不难听。第三是爱说“这个”二字，原文没有这两字，甚至不应有这两字，而他也可以随便添上，观众也不讨厌，甚至还有专学这个的。第四是爱拱肩，在别的武生，这种毛病，一定不好看，而他因为身量高，也不显难看。第五是爱忖腿；爱忖腿，固然是各脚应有的身段，尤其青衣，更离不开，但武生则有时不甚合宜，而他永远有，亦因身材高，不显难看。这一切的情形，岂非天才呢！为什么说他是遗传性呢？前边说过的三派武生，他虽都看过，但他谁都不像，虽然亲身叩头拜俞老板（指菊笙）为师，但更不像。俞老板勇猛的地方，尚和玉倒学得几分，小楼则一点没有。那么他像谁呢？确有点像他们老爷子。然在他十几岁的时候，他们老爷子，就往上海去了，一直没回来，是他老爷子演戏，他并没有看过几次，他无从学起。那么他这样像他父亲，岂非遗传性呢！钱金福听完这套话，又找补一句，说胎里带来的。以上乃王长林所谈，他这一段话，可以说是对小楼有深刻的认识，及公平的评论，真是内行人的话，外界人则不容易有这样论调。因为外行人，对于戏界人员，都是投其所好，他赞成的人，就什么都是好的，他反对的人，就什么都是坏的，难得有这样透辟的议论。总之，小楼一生，长处自然是很多，而短处亦不少，尤其是有几种戏界万不许有的毛病，现大致谈谈。

小楼的毛病

扛调，即前边王长林所说的，不呼弦，本行通名曰"不搭调"。戏界有一句谚语，曰"黄腔走板不搭调"，乃脚色最忌的三种毛病，他却有一种。他唱戏永远比胡琴的弦音高一点，给他拉胡琴的人常说，他永远比胡琴高一块。偶尔不让他知道，偷着把弦音高一点，不就唱着合式了吗？可是，他也就跟着高上去了，还是高一块，这是耳音的关系。谭鑫培，一次与梅兰芳，在越中先贤祠，合演《汾河湾》，有许多人，在后台谈天，我也在其中。谭忽然问，您们诸位，以为唱戏的人谁人缘最好？有人回答说，当然要数您了吧，其他人也都说那是自然。谭说我不成，人缘最好的，有三个人，一是龚云甫，一是杨小楼，一是麻穆子。大家听了这话，都莫明其妙。谭又说，云甫是官哑嗓子（成语为奉官哑嗓子，简言之，曰官哑嗓子，意思是大家认可他可以哑嗓子，北平这样话很多，也很普遍，下边官扛调等义同），别人哑了嗓子，倘唱不出来，那是非得倒好不可，而云甫则不然。遇到他哑嗓子，观众自己认为运气不好，没赶上好嗓子，顶多说一句，今天嗓子不在家（此亦系北平惯语，不在家者，没有带在身旁也），绝对不会有人叫倒好。您看，这人缘有多么好？别人谁也比不了。小楼是官扛调，别人不呼弦，准得倒好，他则不然，也是有许多外行听不出来。麻穆子，是官走板，他嗓子很好，唱的虽然没甚味儿，可也算好听，然而是每次必要走板。别人走了板，准得倒好，他则不然，每到走板的时候，大家是一面叫好，一面乐，叫好是真叫好，并非倒好，乐是笑其走板，大家以为他走板也很有趣味。请问，您们诸位，谁有他们三人这样好的人缘？他说罢，大家大乐。他这话，固然是一种笑谈，但不止讥讽他三人，连看戏的人，也有点挖苦。王长林也说过几句，他说名脚不搭调的人，只有俞老板（菊笙），他常唱完一段，自己骂曰，杂种凑的，不搭调（此层戏界老辈皆知之），他是明知不搭调，而自己不能改。小楼拜他为师，别的没有学会，只学了一个“不搭调”。以上这些话，虽然有点玩笑性质,但是实情,然若说大家不怪乎小楼则可,若说这不是毛病,则万万不可。有票友单学他这种扛调,那真是太可笑了。

没有慢板

按武生,固然不能说非有慢板不可,但有则好的多,方能称为全才。尤其是小楼,这种身材功架的武生,更应该有。叫天对此,也曾说过一段话。叫天在光绪庚子(1900 年)前后,因为小楼刚出头,又是他的干儿子,所以他很关心小楼。在民国三年,我同侯幼云(叫天妻弟)同到叫天家谈天。说起小楼没有慢板来,叫天说,是的呀,我曾鼓励过他,使他多练练慢板的唱功,固然武生不必一定唱慢板,但他们老爷子月楼,那慢板唱的多好。再说嘉训那个戳个(此是北平活,即身材的意思)很高大,去将官正好看。再说光演武生戏,路子太窄,兼演武老生的戏,路子就宽多了不是。再说戏界的规矩,老生不带髯口(演武戏)算是反串;武生带髯口,不算反串。例如,《阳平关》的赵云,《九龙山》的岳飞,《武昭关》的伍员,等等,都是武生老生两抱着的戏呀。但是要不会唱慢板,有许多武老生的戏就不能唱了。鑫培这话,真是极有道理,极有卓见。但小楼限于天赋,天生不能,也就没有法子了。最可笑的,一次他贴出了反串《法门寺》的戏报,他去赵廉,我看见这个戏报,当然非去听听不可。我到了后台,他看见我说，怎么您也来啦。我说这一出戏当然是要听听的。他对我挤了挤眼，摆了摆手，没说什么，我也没十分懂他的意思。及至唱“眉坞县在马上”一段，一张嘴，还是散板，台下大乐，因为他的人缘好，也没有人叫倒好。

没有昆腔底子

北平老脚，在谭鑫培、陈德林他们这一辈以前，都是先学的昆腔，这便叫做昆腔的底子。在杨小楼、王瑶卿，他们这辈以后，都可以算是没学昆腔，梅兰芳等他们一辈，就更没有学过了。小楼、兰芳他们学昆腔；我怂恿他们力量很大。兰芳学昆腔，头一出是《思凡》，是由乔蕙兰教的。小楼过了几年才学，头一出是《夜奔》，是张洪林教的。按：唱戏，并不必一定先学昆腔。但先学昆腔，则念字较讲究，因昆腔的来源，是始自学界，所以念字有统系，而认真。例如北曲，则完全遵守中原音韵、中州全韵，南曲则完全遵守洪武正韵，规矩很严，一点也不能差。（吾乡一带之昆腔，在光绪中叶以后，念字便南北不分，民国以后的脚色，念字就更乱了，此事凡真懂唱昆腔者尽知之。）北平学昆腔之老脚，念字还相当讲究。在皮簧中，念字虽然也有人讲究，但皮簧念字，绝对没有那样讲究。讲只管那样讲法，而念的唱的，满不是那么回事。这些年来皮簧念字，也不能说是没有统系，但另有他的统系。有的念湘北音，有的带安徽音，有的带山陕音，有的念北平土音。大家研究解说的理论，如平仄等等，不过是袭昆曲的念法，来立论。其实皮簧离那么严格的规矩，还相当的远。这是说的没有学过昆腔的脚色。若是有昆腔底子的脚色，虽然不能照着讲的那样念，但还较为相近。所以说明小楼没有昆腔底子，则念字又讲究的地方就很多了。以上只就念字一方说，至于身段，更有关系。先学昆曲，身段有底子，一切动作，就好看的多。因为昆腔武生，开蒙的戏，总是《夜奔》《夜巡》《打虎》等等这些戏，都是以身段为重。把这些戏演熟了之后，一切动作，都可以好看的多。有人说，小楼在科班，也学过一些。按理想来说，小荣椿科班，也应该学过，但我没有看见过他演这些戏，所以他的身段，要说雍容大雅，是不错，然离绵软、脆快、俏皮、边饰，则相差太远。所以他演林冲夜奔，身段就永远没能做到家，固然也因为他学此戏时，年岁已长，又吸烟，有些卖不动，力不随心，也因幼时这种功夫稍差，年长之后自然就不能做的恰到好处了。

小楼路子太窄

戏路子太窄，意思是能演的戏太少。戏界所谓路子，以生脚为最宽，旦脚为最窄；生脚之中，又以老生为宽，武生次之，小生又次之。因为老生在北平，不分文武，种类最多，例如红生戏，如

《甘宁百骑劫魏营》中杨小楼饰甘宁

《龙虎关》的赵匡胤,《采石矶》的徐达,《攻潼关》的姜子牙,《双包案》的夜行帅(猫神),《青石山》的关公,《五花洞》的张天师,等等,都是此种。正生戏,又名王帽戏,如《金水桥》《让城都》《斩黄袍》等等,都是文生戏。这种种类最多,凡戴纱帽的,如《黄金台》之田单,《打严嵩》之邹应龙等都是,如《鱼肠剑》之伍员,《捉放》之陈宫等亦是。至《坐楼》之宋江等亦是此种,不过他又算是做功老生了。衰派戏,从前这种叫做外末戏,如《教子》《寄子》《南天门》等。又分苦戏，如《斩莫成》《滚钉板》。又有昆腔戏，当然也是特别一种，路子很多，不必详谈。武生戏的种类也不少，如靠背、短打，乃是两大派；靠背、短打，又各不同，而带胡须的，也不少。不过又有武小生的特别戏，分去了武生戏一部分。例如《雅观楼》《探庄》《八大锤》等，乃武小生之戏，其中有许多身段，武生演着不会好看的。旦脚更窄，同是装女子，青衣有青衣的戏，花旦有花旦的戏，刀马旦有刀马旦的戏，武旦又有武旦的戏。以上不过大致谈谈，不必详论，以演戏的人论，路子也有宽窄。大致是专演本行戏的人，路子就窄，戏码就少；兼演别行的戏路子就宽，戏码就多。以谭鑫培、梅兰芳、杨小楼三人来论，以梅之戏码最多，谭也不少，杨则最少。这话，或者有人说我是偏向梅，其实不然，有实事可以证明。梅之正功是青衣，而兼演闺门旦，也带着演几出花旦刀马旦的戏，又有时装戏，又有昆腔戏，又有我给他编排的新戏等等，所以戏码较多。若只演青衣本行的戏，则最多不过三十出，无法再多。此外自然还有，但大概完全是配脚的性质了。谭在老生行中，是戏码最多的一个人。只有正生戏、红生戏、苦生戏，如《滚钉板》《斩莫成》等，这三种戏，非其所长，其余凡老生戏，他都能，而且精。这些戏之外，他又有昆腔戏。因为他倒仓的时候，专演武生，故又多了一部分武生戏，所以戏码也相当多。小楼则戏码最窄，武戏大致是分靠背短打两种，前边已谈过。他可以说是长于靠背戏，至短打的戏，他没有演着合式的。因为短打戏中的人物，多数都是武术人员，这种人才之中，大致又有粗壮、勇猛、狡强、矫捷等等的分别。兹把各类型的人物，大致分开谈谈。

不合短打的类型

粗壮　武松一流人物便是这种。《水浒》中在《杀嫂》一回，写的他心思相当细，但如在柴大官人庄上病卧，遇宋江时，及发配与孙二娘开玩笑时，等等，都是一种粗壮的神气。小楼去这种人物，就不合式，只管也可以演，但神气去武松稍远，因为他的神气，较为雍容，绝对不会像武松之又粗又壮。

勇猛　史文恭一流人物，便是此类。石秀亦近似。这种人的情形，都偏于坚强精练。小楼的武戏，虽然好，但总偏于文雅，至于一往无前横冲直撞的情形，非其所长。故不宜演此。偶尔演之，也不会对味儿。演石秀或可对付，至于史文恭一流人物，则绝不合宜。

狡强　华云龙一流人物，便是此种。《贾家楼》这路戏，小楼也演过，但绝对不会好，因为华云龙这种人，虽然是用武生扮演，但脸上须有一种淫邪、奸诈的气象，小楼表现不出这种神气来。而且这种人的动作，须矫健精神，亦非小楼所长。

矫捷　短打的戏，这种人才最多，性质也不一样，好坏都有。例如《十一郎》《花蝴蝶》《采花蜂》等等，都是，这种人的本领、行动、姿态等等，都分别很大。大致说不外脆快、利落、边饰、精练等等，但这都不是小楼所长。只按《十一郎》说，《白水滩》这出戏我所看过最好的，要数谭叫天，真是脆快利落，特别精神好看。张琪林也还好，尚和玉、俞振庭，就不合格。尚和玉有这出戏否，我没看过，振庭就嫌稍笨。一次小楼在第一舞台演此，一切动作，都非常笨滞，一点俏皮劲儿也没有，俞振庭在台下大说闲话。当时振庭与小楼，本是齐名，不过振庭叫座之力，远不及小楼，于是振庭永远有嫉妒心，所以有此论调。平心而论，振庭之艺术，实不亚于小楼，不过他风头天才，均不够，所以远不及小楼。然这出戏，则实比小楼好的多。及至演完之后，我到后台对小楼说，这出戏您最好不演。他说，可不是，以后他总未演过。他固然是听话，也是因为这出戏，除碰头好之外，他一个好也没有得到。

发挥自己所长

以上不过略举数种，总之这些类型人的戏，他都不能演，所以他大多数都没有演过，偶有演过的，也不会有精彩，因为天才身分不合式就是了。不过由这样一来，他的戏路当然就窄多了。

还不要紧，连前边所说的三派之戏，即俞菊笙、黄月山、李春来所演者，大多数他也不能。李春来一派却是上边所说《十一郎》等等这些戏，他演着固然不合式，黄月山一派之《独木关》等戏，也未演过，只有俞菊笙之花脸戏，如《铁笼山》《艳阳楼》《金钱豹》等等，他还演过。固然可以说是不错，但因为他不够凶猛，故终非其所长。其中姜维一脚，因像将官的性质，演来还觉合宜，但比钱金福之身段，则差多了。诸君不要以为小楼有许多戏不能演，便不够名脚。总之人各有所长，人无论做何事业，只若能发挥自己所长，避去自己所短，便是极聪明之人，当然也就很容易成功。谭叫天常说，我为什么不检着我的拿手（即长处）戏去追究，偏去追究非我所长呢？那不是笨而且糊涂吗？这种见解，极为高超。小楼间乎还有时候演非其所长之戏，而叫天则没有。这一则因为是自己见解的关系，二则也是有一般外行，因为捧他，就以为他什么都好，当面恭维他的原故。

小楼的长处

照以上所谈小楼岂不是没什么戏可演了吗，那是绝对不然的。他的戏路虽窄，有独到处仍然是别人不能企及的。总之凡雍容华贵的将官，强壮稳健的武人，他演着都合式，兹略举几出如下。

《长坂坡》的赵云　百十年来，所有演过这出戏的人，除小楼的父亲之外，可以说是没有比他好的。因是赵云之为人，虽是武将，却极稳健，也可以说是雍容大雅。总之是一位儒将，前边所说的三派之中，以俞菊笙演此为最好，但偏于勇健；黄、李二位演的也好，但黄偏于轻松边饰，李则偏于精练利落，三人都稍欠儒雅。而小楼演此，一出场便不紧不慢，周身雅饰，与糜夫人对白一场，于着急之中，还不失大将的谨慎风度，后边大战一百单八枪，于勇武之中，还带儒将气概，这种种的情形，实非他人所及。

《连环套》的黄天霸　《连环套》这出戏，无论老脚新脚，大致是唱武生的都唱过，惟独《拜山》这一场，我所看过的脚，以小楼为第一。不过此戏不能光看黄天霸，窦尔敦也是极重要的脚色，倘搭配不好，那任黄天霸多好也要减少精彩的。窦尔敦一脚，老脚云，从前刘永春（通称刘春）最好，但我不大理会，我所记得的，以黄三为最好。金秀山也好，但只唱的好，从前送天霸下山，天霸进场之后，窦尔敦还有一大段唱功，功架身段稍差。钱金福也好，但只身段功架美观，而没有嗓子，不能唱，后来的青年脚色，郝寿臣也还对付，但身段话白，做作气太重，只可对付外行，至内行人，则不重视。而黄三则身段功架之好，虽说不及钱金福，但也有他特别好处；唱功虽赶不上金秀山之沉着，但也够脆亮。故光绪年间贴戏报，往往只写黄三、王长林，而天霸的名字，往往不写。这足见黄三此戏之特优了。小楼演此与窦尔敦之对白，尺寸之快慢，声音之高下，接话之迟速，都可以说是恰到好处。总之该高的高，该低的低，无一处不斟酌得宜，此固然是工夫用到，但天才也有很大的关系。王长林议论小楼说，他嗓音虽然扛调，但响堂，任何人盖不过他的，这话一点也不错。例如窦问三太是你什么人，黄答，乃是家父；窦问你呢，黄答，他子天霸，前来拜望寨主。有许多人不念此末一句，所以上海出版戏词等书，也往往无此语，而不知此语，意义极大。意思是我虽系你仇人之后，但此番前来，是客，暗含有你不应该欺侮客人，于仿佛无意中带出此语，而确有深意。小楼念此时，把"他子天霸"四字念的稍轻紧，接念此句，声音又重又长，特把"拜望寨主"四字用力念之。意思是使窦要注重此语，真是斟酌得宜。又后边窦说，"大大的忠臣"一句后，黄接"却又来"三字时，特别提高一调，意思是紧张而语气却拉长。心理是有他这句话，我便占住理，先把对方意气压住，再慢慢跟他讲理。这种地方，最有意义。后来脚色，虽也学他，但不懂这种意义，且嗓音也没有他那么响亮高亢，所以念出来，总不会对味儿。以上不过只举一两处，不必多学，我常对友人说，我听小楼的《连环套》，听到这两句就够了。这话虽是笑谈，但他有些道理。与小楼同时唱武生的，常挑他的毛病，说黄天霸应该穿打衣裤袄，不应该穿箭衣。当年大多数人，确是都穿打衣裤袄，小楼则永穿箭衣。但这种地方，小楼不但不算错，而且是很有理。因为在《施公案》中，天霸此时已是军官的身分，则当然应该穿箭衣。不过假装镖客，也可以穿打衣裤袄就是了。

别姬的霸王　《霸王别姬》的项羽，此戏在民国初年，还算是一出新戏。我编此戏时，原想用名净脚李连仲去霸王，但李连仲虽是名脚，艺术也很好，不过他最好是去张飞、李逵、牛皋、焦赞这类人物。去项羽、姜维这流人物，固然也好，但功架不及钱金福、刘永春他们沉着。所以我编此戏时，把霸王一脚，编的比虞姬较为稍轻，此戏编成之后，尚未排演，而小楼与尚小云，在第一舞台已演出《楚汉争》一戏，此剧遂存置未排。但彼戏中，虞姬一脚，完全是一配脚，毫无所事。因彼系旧本子，既名曰“楚汉争”，则当然以项羽、刘邦、韩信等人为重，虞姬一人，便提不到话下，使她为配脚，也不能算没有道理。我编此戏，是为梅兰芳，所以名曰《霸王别姬》，则虞姬在戏中，当然应占重要地位，此皆编剧之原则也。待朱幼芬约小楼、梅兰芳合作，成崇林社，在第一舞台演唱，大家都以为他二人一是理想的项羽，一是理想的虞姬，乃决定排演此戏。但我所编之本，项羽较轻，既然是小楼去项羽，则当然应该加重。乃商定，把小楼所演之本，与我所编之本，合拢起来，小楼乃把他所演之本子，交给我。他的本子，项羽之事当然多，而且他已早念熟且已演过，我便不肯把他的词句再多变动。于是我把这两种本子，合拢一起，而改成了前后两本，已交杨、梅二人，及他脚排熟。出演之前一日，友人吴震修，详读剧词之后，特来见余，并云：此剧分为两本，嫌太松，前部一定不够看。我再看，也觉得他的话很有道理，似乎是非改正不可，乃决定改成一本，一日演完。但各脚皆已念熟，次日即演，戏报已出，不能回戏，只可删场子，不能改词句。于是把场子删去了若干，又捣置了捣置。总之有虞姬的场子，都是我编的。这一来，小楼倒比他原来所演者，轻松了许多。不过我又在虞姬自刎一场之后，又给小楼添了两场，成了现在的情形。虽然风行全国，而我对之并不满意。以上只说的是本子，为什么要说本子呢？因为这两个本子不同，而小楼对我所改的词句，于很短的时间，而能念的熟，且神气动作，都能相合而有精彩，这是不容易的，足见他能用心，能体会，这是演戏不可少的基本工作，所以演来特别的精神。以后尚未见到继者。兰芳与小楼演过之后，即将赴上海。上海约脚之人，知此戏必能叫座，想连小楼一同约往，但用款太多，票价必须增高，恐怕不易售票，数与兰芳商议，不能决定。适王瑶卿来，谈及此事，瑶卿说：可用金少山，一定错不了。盖瑶卿刚由上海回北平也。兰芳尚犹豫，我说瑶卿非轻许可人者，他既说少山可胜任，则一定过的去。及到上海，与少山一演，果然不错。少山也由此大红起来，从前不过班底，由此变成要脚。他演的固然也算很好，但终不及小楼，按天才的条件说，有些地方比小楼还好，例如身材，比小楼不矮，且还宽，脸比小楼也宽大，嗓音比小楼也宽放，唱功比小楼又宏亮。那么他什么地方不及小楼呢，就是小楼神气比他雍容华贵，动作比他稳健厚重，话白比他沉着雅饰。须要知道，霸王虽然勇猛，而不是毛包，也不是山大王，一切动作神情说话，不应失之粗鲁，方能显出项羽的身分来。少山演此不晓得什么地方，他就要露出山大王的神气来，故终不及小楼。然比方倘不勾脸，则小楼演着，也不会合式，因为脸神只够雍容，不够雄壮也。

以上只举三出，不必多举。简要言之，小楼的戏路，确是很窄，可是确有独到处。按说人一生无论何事，有独到处也就够了。何必什么都会呢？若只能会的多，而无独到处，那个本行名曰戏包袱，有何可取。就是前边所谈的俞、黄、李三派，也不过是各有所长而已。

小楼是听话的

以上所谈都是关于艺术的，兹再把他关于演戏之外，一切行动措施谈谈。此虽与艺术无关，但于演戏之成功失败，有很大的关系。照原理说成功失败，当然在乎艺术，但为人行事，以及对付观众，也有很大的关系。小楼一生极大的长处，是听话，极大的短处是懒，兹在下边分着谈谈。

我与小楼相熟在光绪末年，彼时他已成名脚。但遇到友人给他出主意，他还很乐意听从。别人同他说的话，不必谈，只把

杨小楼、刘砚亭演《长坂坡》

我跟他说的谈几件。如《白水滩》这出戏他演来只显笨拙，一点边饰利落的姿态也没有。我同他说此戏最好不演，他说可不是，以后就总未演过。如《霸王别姬》一戏，他本与小云曾经演过，经我改后情形不同。他的表演法，自然要改，经我给他说过之后，一一照改。尤其是他从前念力拔山兮一诗，都是坐着念。与兰芳合演之第一次也是如此。我看后特约兰芳到他家，与他谈及念此诗时，须有身段，就是歌舞，因为有歌无舞，不能表现霸王牢骚、郁闷的气概。我给他安置了几种身段，第二次再演，完全改过来了，所做身段，且有比我所安置的还好的地方。再所有名脚，向来不甘去配脚，这是通病，他当然也不能例外。朱幼芬成班，约小楼与兰芳合演，因某人挂头牌，某人挂二牌的问题，找我来商议。我说这个没什么大关系，我把小楼、兰芳约到一起，我说凡说谁挂头牌，谁挂二牌，这种竞争，这种论调之人，都是极外行，极无聊的事情。这种身分，是由台下观众来规定，不是由脚儿自己来规定。你自己规定出来，观众不以为然，你是一点办法也没有。观众欢迎，叫好与否，不在你是头牌、二牌。照资格辈行来论，当然是杨老板挂头牌。但是倘梅老板的戏码硬，恐怕他就得演大轴子，否则倘一开闸，于杨老板面子，也不好看。再说你二人，都已成名，准在前边演于身分名誉，也毫无损失，在后边演也毫无增长。倘有人说，某人给某人挂了二牌，当了配脚，那便是极外行极糊涂的人,你就任凭他去说,那是毫无价值的。并且按真正情形说,就没有所谓正脚配脚,倘乎是好脚,则演什么戏,都是好的,也是观众欢迎的。例如这些年来,演堂会戏,开戏单,往往不管戏中的主脚配脚,而管演员的谁好谁坏,谁好他就把谁开第一名。例如《卖马》,主脚是秦琼,而刘赶三、德子杰,常开在头一名。《取金陵》,武旦为主脚,而黄润甫常开在头一名。《青石山》,王老道算是主脚,而李顺亭常开在头一名。《胭脂虎》,花旦主脚,而龚云甫常开在头一名。《连环套》,黄天霸为主脚,而黄润甫、王长林,常开在前头。此是指二本非头本。凡此种种难以枚举,这也可以看出来,观众不但注求戏中人,而且更注重演的人。所以好脚去配脚,更容易得好。这有两种心理,一是他们以为,如此则全剧齐整得多,且给全剧添不少精神。二是他们以为,是演员自己降尊,故特别同情。总而言之,最好是能够我演某人,我就把某人演成正脚,老脚的这种前例很多。如《探亲》为刘赶三之拿手戏,贴戏报子永远只写他的名字。自王瑶卿一演,便成了旦脚的戏。《卖马》从前也是赶三的戏,叫天一改,便成了生脚的戏。我希望你们二位都在这条路上走,观众自然会恭维。若只管争戏码,争头块牌,那是没什么用处的。我这套话,在兰芳是没有问题的,而小楼也很以为然。后来兰芳演《金山寺》,他去伽蓝,兰芳演《五花洞》,他去大法官等,都是因此。然出台时,碰头好比别的戏还多的多。我对他说,有的地方是费力不讨好,这种地方,是讨好不费力,他乐,从此以后,所有的武生,也都肯去这些脚了。但小楼没去过的,他们还不肯去,由这种种情形看来,足见小楼之能听话。

小楼也是懒的

再谈谈小楼之懒。前边所说,他肯听话一层,只是我一人对他所说。他朋友很多,当然也有别人对他建议,他也很能听从,足见他是很虚心了。那么为什么又懒呢?这种地方,也很有趣味。好在我与小楼,也有相当的交谊,无妨大略谈谈,这也不算说他闲话。总之是你给他出的主意,较为省力,那他是必听的,若较为费力,那就有问题了。兹随便谈两种:如《夜奔》之上徐宁,原剧《宝剑记》,此折不上徐宁,人人皆知,不必细谈。不过在前清,嘉道年间,已有时上徐宁了。但不过多是乡间草台戏用之。因有时用此戏须大轴子,全戏只有一人,实太单独,乃没法添上徐宁。及梁山杜迁宋万二人来接,因之便可起打,成为一出大武戏,显着火爆热闹,土名曰“大夜奔”。火爆热闹是不错,可是外行极了。在《水浒》上,此时固然是没有上徐宁,这还可以不管。但本戏的词句,你不能不管吧。后面明明有“梁山搬得兵来,誓把奸臣扫”,等等的词句。如今都把这些词句,唱在见了杜迁宋万之后，岂非毫无道理呢！再说这出戏，原只一场，行话白“一场干”，是多么紧凑。如今屡次上来下去，不但松懈，精神上也差多了。在外行的观众，外行的演员，如此演法，尚无所谓。而小楼之家世名望，则万不该如此演法。但是他采取了这个路子。我和他说过，这种演法，他人尚可，您则不可，也有其他老脚同他说过，他很以为然，但他不能改。因为他排演此戏时，年力已就衰，总算是已经卖不动了。各种身段，均已做不到好处。若再使他一场干，当然更难勉强，所以他肯冒不合规矩之讥，而亦不肯改。他非不知，但真不容易改，乃是实情。再林冲本应戴黑罗帽，而他却戴倒缨盔式之帽，亦出规矩，且不合道理。(按：林冲为八十万禁军教头，固然可以戴倒缨盔，但他此时为囚犯，且杀人之后，逃跑，怎能戴此呢?)而小楼因自己戴青罗帽不好看，所以他也不肯。故如今除吾乡侯永奎一人外，可以说是都学杨小楼，这正是无知之盲从。如《长坂坡》及《霸王别姬》两出戏，他与兰芳合演，兰芳之糜夫人，当然算配脚。但彼时兰芳正是最红的时候，每逢糜夫人一跳井，虞姬一自刎，则观众必走人很多，而小楼亦必草草了事。我到后台告诉他，这万不可以。须要知道观众开闸，是看戏人的错，不是演戏人的错。就以《长坂坡》一戏而论，《长坂坡》是谁的正戏，当然是赵云，演《长坂坡》的赵云，谁最好，几十年来，当然要以杨小楼为第一。而《长坂坡》的赵云,好处在什么地方,当然是后头大战一百单八枪等场,而大家不看就走,这不是外行是什么。不过是看戏的人,只管走,而演戏的人,却不可不照旧演,自己的身分,自己的名誉,都是要紧的,万不可草草了事。小楼听了这套话,当然很以为然,但他以为,我是有心安慰他。我说不然,您跟兰芳谁好谁坏,不必说,在目下,他人缘,确比您好,但演好戏,也不一定受欢迎,有一次他演《战蒲关》《寄子》两出戏,上座不过六成;倘演《孽海波澜》《宦海潮》,这路无聊的戏,则永远满座。而我则主张,他这路真正青衣的旧戏,虽大家不爱看,也要常演。倘若只演大众爱看的滑头戏,那就不能成为一个名脚了。演《战蒲关》的那一天,潘心航也在座。他就说,大家常说戏剧退化,但是演这些好戏,他们却不来看,那能说是演戏的不对吗。小楼自然也很为然,但他总不容易改。一次演《别姬》,虞姬自刎后,兰芳同到后台,卸装未完,小楼在屋门外说,畹华明天见。好,他已经演完,而且也卸完了装了。其实别姬一场后,还有好几场,他能这样快,当然是演的潦草无疑。自有这种情形以后,小楼的声价,当然不至因之有损,而叫座之力,则似有减无增了。所以我对演员们说,若自己技术不够,而只管在台上胡来,这个名词,本行叫做洒狗血,是不应该的。但自己够身分的名脚,则永远须把持着自己的名誉,认真的做,不得一时不注意,否则是要受损失的。

回戏也是一种短处

以上一段谈到小楼懒的关系。其实他也不一定是懒，也是因为年岁稍长，又吸着口鸦片烟，自然就有许多的地方，减少动作了。比方谭鑫培晚年，未死之前，每日必在院中踢两趟腿，不但于身体有益，于演戏益处更大。所以鑫培至死，演戏的功架身段，总未见颓败，而小楼则无此功夫。于是自补学《夜奔》之后，就没见有任何的进步，以后叫座能力，便似稍差。但原因也不专只为此，更不是艺术的问题，也是信用稍差。这却不是他直接的毛病，而是用人不当。比方贴出戏报，往往回戏，这是兰芳他们，永远不会有的事情。他所以回戏的原因，大多数，都是因为卖座不好，办事人怕赔钱，于是便怂恿小楼，佯病回戏。倘不说有病，官场是不容易允许的。他回戏的办法，是说因病暂回，下一星期补演。售出之票，补演时，一律有效。如此则买票的人，真退票的是极少的少数，就是下次无暇去看，也不过是转送人。这总是把售票时间，又延长了一个星期。连前所售出，带以后售出之票数，是当然要增加的。这种办法自以为是很巧，但一次两次尚可，倘常常如此，则一定要把信用失掉了的。

小楼与谭鑫培

杨小楼与谭鑫培的比较，两个人的艺术，都有独到之处。但谭戏路则宽的多，前边已经谈过。不过谭破坏戏界规矩的地方，往往可以看到，而自己则不肯添加毛病。杨则破坏规矩的行为少，而自己则很容易添毛病。

所谓破坏规矩者，种类颇多。例如在台上阴人(此二字是北京话，而戏界最爱说)等等。如"麻穆子说为何不叫咱老张知道"，"道"念成"大"，李寿山斩谡之三笑，等等，谭都曾当场与以难堪。此层我在报上说过，兹不多赘，或容以后详细谈之。小楼则绝对没有这种毛病，这是小楼在台上高于鑫培的地方。所谓自添毛病者，如谭一次到沪演戏，上座不佳，乃演《盗魂铃》这一类的戏，他去猪八戒，这本是破坏身分，借反串来号召，不得已的情形。所以回到北平，绝对不演。或有人说演过，但我未见，且他自己声明过，绝对不演，这正是谭的高处。而小楼则添了几种。例如武戏起打后架住，他揩把脸。鑫培一次谈起此事，打仗架住，揩一把脸，敌人就那么听话吗？外江脚色，他们可以这样做，你不能跟他讲理。你说杨小楼，也这样做，他爸爸要看见，那是非气死不可。这是小楼不及鑫培的地方。

只举一两件，不必多谈。

小楼与梅兰芳

杨小楼与梅兰芳二人，因为自幼同处居住，所以较为亲切。兰芳几岁时上私塾，因受同学欺侮，不敢上学，他伯父打他，他也不去。小楼劝雨田，你越打他，他越怕，待我来哄他去吧。于是背负他去上学，走到该学的胡同口，兰芳哭而不肯入。小楼又背着他绕一大弯，进那一头之口，兰芳没走过这条道，才肯进去，到私塾，小楼对老师说明情形，老师把调皮学生申斥一顿，又安慰兰芳，而小楼又在塾中陪伴了一会，以后才照常上学。兰芳常对我提此事，小楼亦常以此作为笑谈。小楼长兰芳十六岁，兰芳孩童时，小楼已成人，又在同院居住。他哄着兰芳玩的时候，当然很多，例如打打把子这类的事情，总常常有之，所以他二人，感情更好。兰芳呼小楼为叔，二人常想合作。小楼兴建第一舞台，开幕，把北平好脚，几几乎一网打尽，极力想约兰芳。彼时正是田际云成玉成班，后改翊文社，兰芳为台柱，际云当然不放。虽至际云与第一台，几几乎要闹气而亦未成功。翊文社散，俞振庭成班，又以兰芳为台柱。小楼与振庭，为师兄弟，当然不肯强夺。而第一台办事人，想设法拆散振庭之班，暗中约王蕙芳、孟小如。彼时振庭之班，兰芳之外，只有数人，蕙芳、小如，都算好一点的，二人已被约离班。不意振庭眼明手快，把第一台之王凤卿约出来。关于王凤卿,不得不在这里夹杂着叙述一些。彼时的王凤卿,不是后来的王凤卿,后来不知进步,天赋也有限,遂颓败不堪,然彼时正是老生人才缺乏之时,鑫培年老,不恒演,只有余叔岩、王凤卿、时慧宝三人,余学谭,王学汪桂芬,时学孙菊仙,号称三杰。余因嗓音失润,十余年未演,只在春阳友会票房中,偶尔一露。时亦不常演,且无靠背戏。最受欢迎者,唯王凤卿。且他正是壮年英勇,扮相亦英秀美观,所以彼时北平大多数人,都盼他同兰芳一起演唱,但总未实现。此次合作,自然为大众所欢迎。因此俞之班,与第一台,更成两立不相下之势。如此相持数年,经朱幼芬成班,在第一台演唱,才把小楼与兰芳约在一起。成班之初,小楼定名为崇林社,此层前边已略谈过。小楼倒是无可无不可,而手下办事人,总是给他出主意。他们以为小楼叫座之力量,一定比兰芳大,然戏份又不好高于兰芳,如此则小楼便觉吃亏。于是兰芳拿戏份,小楼拿加钱,每一座他拿一角。成班日期未久,一日小楼演《冀州城》,兰芳凤卿在前边演《武家坡》,上座一千零几十人,小楼拿了一百元零几角。次日兰芳演《嫦娥奔月》,戏情虽简单,但系新排之戏,当然演大轴子,则小楼便演倒第二。这一天正赶上极冷的天,而西北风也很大,我与兰芳在前门内友人家吃晚饭,兰芳不想吃饭,说觉着不舒服,别人便问什么病,赶紧请医生看一看。其实我已经看出他的意思,他想着这样冷天，这样大风，戏园子座一定上不好。而且这出戏，很演过几次，并不新鲜，谁还能冒这冷风来看戏呢。若在平常，他不理会这些。现初次与小楼同班，昨天他的《冀州城》，上了一千人，今天若只上六七百人，便有些不够劲，总算输给小楼了。所以他也想借说有痛，而想回戏，无奈当时那几位朋友，没看出他这种心思来，倘若看出来，他们若提议，因病回戏，兰芳一定极端赞成，也或者真就回了戏。于是我先发议论，说，这个时候，已经开戏，不能再回戏。你少吃一点，静的休息休息，演完了这出戏，再请大夫。我这话是要把他回戏的思想打断喽。他人也无异辞。吃完饭，我同他往第一台，坐在马车里头，他是老麻烦，我就一直的安慰他。及至走到煤市街南口外，车夫便说了一句，西边怎么那样多的车呀？我们探身一看，果然大街两边，都是汽车马车包车，这当然都是来看戏的。兰芳高了兴了，进园子一看，人山人海，那晚共卖了一千八百多张票，为第一台一生的最高纪录。兰芳当然梦想不到，连我也莫明其妙，那天的座，何以上那么好。彼时兰芳叫座之力，比小楼大，那是不错。但平日也常演戏，不见得能叫这样多的座。说是戏好能叫座，这出戏，在彼时确能叫座，但他是我编的，我排的，其实也没什么多好。而且以后同小楼合排的《别姬》，比这出好的多，也没叫过这许多座。第一次出演也不过上了一千五百多人。此日天气又冷，能有此力量，谁也说不出个道理来。只好说一句，兰芳的运气好。为什么啰啰嗦嗦的写这段事迹呢？一则因为有点传奇性，二则因此，小楼与兰芳，就有点不易合作的情形了。此戏演完之后，第二天，幼芬与小楼送戏份，当然照人数共给他送去一百八十元。幼芬把钱放到桌上，小楼叹了一口气，说人家唱戏，咱拿钱。这当然是很惭愧的话，说罢大笑。虽说兰芳是我眼看着地长大的，现在居然有这么好的人缘，这庞大的力量。他小时我常背着他玩耍，实在不是外人，以后我也不用拿加钱了，我的戏份，跟兰芳一样就得了。本来嘛，自己叫来的座，自己拿钱，是理直气壮的，别人叫来的座自己也拿加钱，当然就不好意思的了。这件事情，在小楼、兰芳，倒没有什么。而下边办事人，则大不高兴。因为这样一来，他们有了损失，小楼拿加钱，数目有出入。比方上了一千人，他们可以告知小楼，说上了八百则从中便可扣下二十元。自有这种办法，只若告知朱幼芬，没有不答应的，他们是赚很稳当的钱。如今拿一定的数，则他们无钱可赚，然亦无法，只得暗中捣鬼。他二人排出《别姬》之后，我本想再给他们排几出别的戏。但因兰芳往上海，回来，二人就没有再合作，也就未再编二人合作的戏。这是很可惜的事情。《别姬》的霸王，虽然由小楼排出，但二人合演了不过一两次。以后再演，总是义务戏，无钱可挣。小楼常跟我说，我唱了一辈子《霸王别姬》，可是没挣过钱，这话是一点也不错的，因为堂会可以挣钱，但多因为项羽虞姬，结果都死，嫌不吉利，故演的不多。而义务戏，则无钱可得也，故小楼有此语。倘他二人能长期合作，则一定有许多好戏可排，我写此段文字，也是有感于这一层。

小楼与尚和玉、俞振庭

小楼与尚和玉、俞振庭二人的情形也可以说一说。为什么要把这三个人做比较呢？因为前头所谈的三派武生，比他们早，后来者，比他们晚，同时出名的武生，就是他三人，且都是俞菊笙的徒弟。而且这三人，一向是各不相服，彼此说闲话。振庭一谈小楼的《水帘洞》，及后来演《安天会》，振庭必说，这不是孙悟空，而是大马猴。一谈到打把子，他必说：赶自他净跟一群老人打，显着他不慢，让他同一帮年轻的人打打看，管保他跟不上了。振庭身短力壮勇猛，故有这种议论，他批评的话多的很，不必多说，这些话自然也有些理由。其实这不一定是小楼的毛病。何以呢？孙悟空已成仙，不能照平常的猴来议论，打把子要脆快，乃是后来的情形。从前讲究下下着，雅静好看。小楼因不及振庭速快，然比振庭确雅静。振庭打把子，还有大毛病。就是他打把子之时，不能换气，戏界名为一气把子，必须打完进场，才能缓出这口气来。这也算是很难得见的毛病。不过振庭，也有他的

《灞桥挑袍》杨小楼饰关羽

好处就是了。再和玉说小楼，连云手他都不会拉，永远那么浪而浪当，这话也有片面的理由。若演应该脆快的戏，如《花蝴蝶》《采花蜂》等等，实在是浪当，但若演赵云的戏，则实优于和玉。至所谓不会拉云手一节，外行人听着，当然是不以为然。但若使和玉详细一讲，则小楼真可以说是不会。不但他，连目下所有的武脚，都可以说是不会。这种详细的教导及解释，是早已失传的了。总之若按学力说，和玉、振庭，实不亚于小楼，和玉尚优于小楼，这是毫无疑义的。但他二人，天才风头，都不及小楼，这不是人力所能帮助的。所以小楼永远占他二人的上风。于是有许多外行人，说他二人的技术，也不及小楼，那真可以算是真正外行了。例如《惜惺惺》《四平山》《英雄义》等等，这些戏，小楼对于和玉，可以说是望尘莫及了。所以他也就不演。须知道小楼之不演这路戏，正与鑫培不演《金水桥》《取城都》等戏，是同一心理，同一作风，并非短处。戏界人都知道，俞菊笙赞成和玉，不赞成小楼，这也是实事。不过他是因为和玉的路子近于他，所以他喜欢和玉，不一定就是和玉优于小楼也。再者，我常说，演戏这件事业，光靠技术好，也不成，关于终身的名誉，看戏的人也得拿多一半的主意。否则只管你技术有多好，而大家不欢迎，没有叫座的能力，也成不了名脚。所以戏界有一句要紧的话，就是人缘好。大家谈论起来，一提某人，往往先说他人缘好。这句话，当然有些讥讽的性质,但也有些羡慕的性质。所谓讥讽者,是他技术不够,专靠人缘,观众捧场。振庭批评小楼就含此义。振庭常说:“杨老板唱戏带咳嗽而台下不叫倒好,别人谁成?”按小楼确是有此病,他所灌的《夜奔》唱片一边唱一边咳嗽。一次一位德国人问我中国人唱戏,可以带咳嗽吗?我知道他是为此唱片而言。我只说,此或者因已约定灌片日期,而小楼适病,否则不许。所谓羡慕者,意思是一样的脚儿,人家就特别受欢迎,那一定是好,否则怎能受欢迎呢。

评余叔岩

余叔岩(代序)

叔岩为名青衣余紫云之第三子,所以大家多呼为余三儿,所谓三杰者,他最年幼。由吴连奎、贾立川诸名脚开蒙,天才也好。光绪二十八九年,他不过十二三岁,在前门外鹞儿胡同,平介会馆登台,虽然是小孩儿,但一切都很正气,艺名曰小余紫云,演了一年多的工夫,一天比一天红。后来就被天津约去,唱了几年,已至倒嗓之期,又因太累,嗓音总未恢复回来。宣统年间民国初年,便未登台,在春阳友会票房中偶尔唱唱而已。民国三四年之后,嗓音微好,有几年不断登台。听他的人都说,余叔岩唱戏,五排以后便听不真;又有人说,可是只能听到,便觉好听,这话是一点不错的。他的唱功,在戏馆中听着,因为声音太低,令人不会满意,但在唱片中听来,则无不好听,因为收音器离嘴太近也。

可惜他灌的唱片太少，且有的很有毛病，我常劝他多灌唱片，以便留传，且如果该片灌的不好，即命其毁掉另唱，以免毛病永远存在人间。可是他知识思想稍差，他总以为灌片等于演戏，他说一次不能露太多，显着好说话，而没有价值；片有毛病一层，他思想更左，他说他给我一片的钱，我为什么给他唱两片呢？他这种思想，完全是效法的鑫培。谭所灌某片，乃他儿子谭二操琴，过门中走了一板，当时谭大不满意，其实另再唱一次，把该片一毁，便算完事，可是他不肯，所以那一片，至今还是走那一板。叔岩自拜鑫培为师后，诸事学谭，且以谭为标榜，谭号英秀，所以叔岩特刻一图章，文曰范秀轩。其实他所唱的腔，不一定是谭，但也确有他的优点。

（据《清代皮簧名脚简述》）

我这些年来，写戏剧的文字，总是想写关于戏剧理论的，不愿写戏评，更不愿谈脚色。因为这种文字，与戏剧本身，没有重要的关系，且时间性太短，今天写出来，明天就许不合用。尤其是评脚儿的文字，说他好，迹近捧脚；说他不好，人家苦巴苦业的谋个生活，你为什么要说人家闲话呢？若专以技术的原理来评论，尚还说的出去；若道及人家私德，尤为有伤自己的道德，有失忠厚。这话又说回来啦，你虽不愿意写，但大多数的朋友，都爱看这种文字，大概是因为它比理论文字，情趣较多，刺激性较大。所以有许多朋友，常常来怂恿我写，总未应命。前年我写过一篇关于《谈谭叫天》的文章，因为他已死去，虽颂扬他，也没有捧脚的嫌疑。没想到这篇文章披露之后，大得朋友们的夸奖，接到许多的信，都说这样文章应该多写，但我始终不甚赞成。今年春天，不得已又给杂志写了一篇《谈杨小楼》，结果反应与《谈谭叫天》相同，这真是没法子的事情。

现在又有几位友人，劝我写一篇关于余叔岩的文章，按余叔岩，还值不得一谈。这句话诸君一听，必然以为奇怪，要说我议论不公，或者说我有糟蹋叔岩的意思。其实不然，我与叔岩，是几十年的交情，并且同他父亲紫云就认识，我当然不应该且不愿意说他坏话的。所谓不值一谈者，是有根据有理由的。这里先说一说什么样的才算名脚？再说一说我与叔岩的认识及交情。

我们为什么要谈脚，当然是要把他的好处举出来，使后来学此者，取为法则；把他的短处，也要说出来，使大家避免。固然自己说的话，也不见得都是对的，但纯以艺术为准则，而再秉公立论，则也不会差大格的。究竟什么样的才算名脚？据戏界老辈传说，从前的规矩，有平常名脚及大名脚之分。但从前所谓名脚，与现在所谓名脚，微有不同。从前的名脚，其情形大致与美国好莱坞之电影明星差不了许多。比方，我于民国二十年到好莱坞，即住在飞来伯（南方译为范朋克）的别墅中，那时他与玛丽璧克福结婚不久，因与彼处电影界人谈起来，说两位明星结为夫妇，确是美事。但他们都说：玛丽璧克福是一明星，飞来伯还不够。又提起贾伯林，他们都说那自然是大明星。听这些话，足可以证明，他们心目中，对于明星的资历学识，都得有相当标准的；倘不够标准，便不能算是明星。不像中国凡能演电影者，差不多都叫做明星，尤其是女演员，更都是红星，于是旧戏也受了传染，稍稍能唱者,便都曰名脚,其实从前不是这个样子的。

先说普通的名脚:一要唱做都够水准,二要观众都欢迎。大众不欢迎,固然成不了名脚。倘不够水准,则无论有多少人欢迎,也算不了名脚。但大名脚则有三个条件,一是大众欢迎,二是唱作都够水准以上,三是要有创作,就是突过前人的地方。就是必须有几手,胜过前人,无论唱功做功均可。然如果只有几手超过前人,而唱做不甚受观众之欢迎,则亦不能算大名脚。因为从前的风气,大多数的脚色,都要特别用功,设法找自己的俏头,好用以战胜别人。例如从前三庆班,所排演的整本《三国演义》,其中的诸葛亮、关羽、张飞、赵云、鲁肃、周瑜、曹操等人,自然都是好脚,且都特有精彩,就连曹八将及舌战的群儒,都各有长处。彼时大家都说《三国演义》,缺一脚都不能演,这固然是故甚其辞,但缺一个脚,则减少精彩,那是不错的,此足见彼时各脚要强之风气。

再进一步说,彼时好脚,都要设法创造一种从前没有的动作,方显自己的本领,兹随便学几位谈谈:

《刺王僚》一戏,姬僚的一大段唱功,乃净脚褚连奎所创。至今各净脚,都还学他。

《甘露寺》一戏,乔国老一大段唱功,乃老生贾丽川所创。丽川为洪林之兄,唱老生能戏极多,且极长于教戏。民国以前的老生，差不多都是他的徒弟，如余叔岩、王凤卿、时慧宝等等皆是，丽川与姚增禄齐名。

《丁甲山》一戏中，李逵之真假宋江一大段唱功，乃黄润甫(通称黄三)所创，至今都学他。

以上所举三位，他们这些腔调，一直到现在，凡唱这些戏的人，都是还照他们原来的唱法，不过唱的味道不够就是了。然这足见他们所创的这些腔调，是受人欢迎，是有价值的。此外尚有特创身段的好脚，也是不可磨灭的。

《落马湖》一戏，张奎官去李佩，水擒一场，在水中的身段，左扑右涌，如同真在水中一样。观众都说：在台下看着，仿佛真有许多水浪头在他身边绕转。

《御果园》一戏，何桂山去敬德，有时演大轴子，且在程长庚之后，观众无一走者。他唱"数九寒天风不冷，连人带马汗淋身，某家将马来整顿"等句时，不但腔调好听，他所做身段，尤为美观。观众都说：看着他真是浑身发热气，永远看不够。

最特别的是小花脸杨鸣玉，通称杨三，演戏无一不好。每一出戏，他都有特创的动作身段，演《活捉张三》，他去张三的鬼魂——当被阎婆惜捉住之后，是由阎婆惜用手绢，套住张三脖子由后台把他提出来，提着他左转三个圈，右转三个圈，他乃用一个脚尖着地，转此六次。观众都说：看着真像他被提起来的一样，绝对不像他自己着地的，真可以说是绝技。他能戏极多，都各有创造。又如时迁偷鸡的各种身段，多是他创出来的。王长林拜他为师，得的他的传授，不过十分之四。叶盛章拜长林为师，所得的也不过十分之四。然目下的观众，看着叶盛章已是绝技了，则鸣玉当年的技术，是可想而知了。

以上亦只举三人，其余尚多，不必尽述。不过他们所有的身段，现在多已失传，所以目下的观众，不知道他们的，已经很多了。以上六人，因自己能特创的关系，都成了名脚，其中只有贾丽川一人，因为他不恒登台，知道的人更少，还不能算是名脚。但是因为不常登台，便不能受到观众的欢迎，所以才不算名脚，这是证明受大众欢迎，也是一件重要的事情。

清末民初的好脚，创造性最大的，首推谭鑫培，在表面上看，他似乎没什么重大的改革，其实他创的力量也实在不小。单以唱功来谈，在从前是多重雄壮沉厚绵密，而他则变的多是蕴灵和潇洒；自他创出，人多效之，遂成风气，一直到现在未改。其实他有许多地方，都是学的别人，但都又经他锤炼，改变成自创之腔。例如因为他的父亲与余三胜同班，且都是湖北同乡，所以他最初是学余三胜，后来又学程长庚，戏界老辈都说他学的程长庚中年，汪桂芬学的是程长庚的老年。谭之二六则学卢胜奎（外号卢台子），快板则学冯瑞群（以小名冯柱享名，搭过春台，后入嵩祝成)，飘洒学孙小六(上海的脚)，反二簧几个高腔完全学王九龄，甩须甩发要翎子等身段学达子红(梆子腔名脚，姓梁，搭瑞盛和班)，《南天门》一戏则学崇天云，并且又吸收了几个青衣的腔。他虽然是吸收了别人的腔调，但总算是聚集多人的长处，而加以锤炼，便成了自己特创的腔。自他以后所有唱老生的，可以说是都学他，传遍全国，大家都管他叫做谭腔，所以成为一代的名脚。

其次则可以说是杨小楼。小楼之创造力，虽然不能与鑫培比，但他也有突过前人的地方。此点看我所写的《谈杨小楼》一文，便可知其大概，这里就不必再多说了。

现在说到本题的余叔岩。前边说过凡够称为名脚者，得有两个条件:一是唱做都够水准，二是受观众的欢迎。凡够称为大名脚者，还要多一个条件:就是必须有创造的成绩。

先说前两条，叔岩的唱做，当然是在水准以上，这是毫无疑义的。第二条他就差了，他并未受过大多数观众的欢迎。这话并非强说叔岩的坏话，他在童年时代，约在前清光绪二十八九年，最初演于前门外鸦儿胡同，平介会馆，因大栅栏前后左右之戏园，通通都被拳兵烧毁，只剩肉市广和楼一家。事平之后，有戏班无处演唱，都有觅前门外之会馆饭庄。庚子后几年中，凡有戏楼之会馆，都成了营业之戏园，平介馆亦系如此。叔岩在平介馆演时，艺名小余紫云，才十三四岁，确是不错，欢迎的人也很多。演的时期不久，就到天津去演，给他拉胡琴的是他二哥。天津也演的很红，可惜只知挣钱，不顾小孩的身体，一天之中往往演唱四出，于是把喉咙累坏，遂行辍演。回平后未养过来，只在春阳友会票房中混混，此层容在后边再详谈。

照以上的说法，他在北平天津，都曾受过欢迎，何以说就差了呢？这也有特别的理由。当他受欢迎的时代，还只是一个小童，还够不上脚色，这就如同后来富连成科班中的学生，在未倒嗓之前，为观众所欢迎的，也很有些人；但一倒嗓，就算完事。叔岩倒嗓之后，一直歇了二十多年，总未登台，哪能还有受欢迎的机会呢？（关于这层，亦容在后边谈谈。）那么后来又有人很恭维叔岩，那是怎么回事呢？这又另有原因。

叔岩虽然有二十余年未登台，但有不少人同他往来，叔岩相当势利眼（戏界人大多数多如此），凡有地位有权势之人，他都乐于接待，所以同他来往者，都是文人政客。他又善谈，更爱挑别人的毛病，说出话来又很有风趣，招人笑乐，所以与他来往之人，都很恭维他；票友对他，也有相当的好感（详情容后再谈）。其实他所谈戏台上的事情，都很有些道理，因为他都是听钱金福、王长林这些人说的。至于所谈的理论，那大多数是靠不住的。因为这些话，他都是听得文人们说的。而文人中则多不求甚解，书上怎样写，他们就跟着怎样说，关于戏剧的事情，尤其外行。此非糟蹋文人，比如叔岩常说“歌唱好的，要有黄钟大吕之声，程长庚所唱，都是黄钟大吕。歌唱要分十二律吕，六律六吕”。又说“念字要分八音，就是平上去入四音，又都各分阴阳”。以上这些话，当然都是文人对他说的，所以他在人前，也常常说，也颇自得意。一次在梅宅，客厅里只有我同叔岩两个人，我问他：“你常说的这些话，你都讲得上来么？”他说：“怎么讲不上来？”我就问：“黄钟大吕之声怎么讲？”他说：“就是正气的声音”。我说：“这句话的意义，不但你不懂，就是跟你说的那些文人，也都不懂。”他问我：“您怎么知道他们不懂呢？”我说：“他们要懂，他们就不会这样说了。”

黄钟大吕，是两个调门的名词，就如同现在说，正工调、工半调，或六字调、六半调等等。这些事情，若问研究音乐的人，那是通通都知道的。就是戏界中吹笛子的人，如曹心泉、方秉忠等等，也都知道的很清楚。比方说，那个人唱的真是正工调、工半调，这句话可以讲的通吗？既是正工，便非工半。倘是工半，便非正工。两个名词同时说，便不易解，就是勉强能讲，也算不得恭维人的话呀！十二律吕，也都是宫调的名词，其实就是钢琴上手按的黑白板，现名琴键。至所谓四声各分阴阳一节，于皮簧中，更不合用。我说：“你用一个字，念成八个音给我听听。”他说他念不上来。我说：“不但你念不上来，恐怕没有人念的出来。”

余叔岩便装照

因为别的学问里头,没有这一门,只昆曲中有之。这里头不光音的关系,还有声的关系。明朝沈宠绥所著的《度曲须知》中论此最详。然他所举之八音等字,也得换字,才能分的出来。此层不在本文范围之内,不必多说。这种情形,虽然是由唱昆曲创出来的,但唱昆曲的人,能此者百人中不准有几个人,到皮簧中,就完全不适用了。皮簧中不但不分八音,连平上去入四声,都模糊的很。讲的只管那样讲,他自己唱出来,就不是那么回事了。当时他还不相信。我说:“谭老板唱片中有《卖马》一段,你唱的也很好,你唱一句试一试。”他唱了一句“店主东带过了黄骠马”。我说:“你自己审查审查,你唱的这九个字之中,有错的没有?”我说主字“了”字之音,已经都不对;“黄”字之音,干脆把阳平唱成了去声。这还讲什么八声呢?我进一步对他说:“你所听到文人同你说的话,你可以再说,但只不过是用他来唬人,万不可作为学说。总之皮簧最初是一种小调,只有十三道辙,与昆曲中之南曲北曲,洪武正韵中原音韵等等,毫不相干。你要是拿昆曲的规矩,来谈皮簧,那是一点也不会合用的。”并且我给他举的例子证据很多,所以他也很以为然。以后他对我们一群人,就不再说这些话了。这话又说回来啦,他说的这话,虽然都是似是而非,但与他来往的文人政客,对于这些事情,多数都是外行,至少没有研究过,他们听到叔岩的议论,当然是以为很有道理,很乐意替他传说,一人传十,十人传百,于是他的名气,就起来了。也可以说是他的名气,多半是由他客厅里得来的,不都是由舞台上得来的。叔岩的艺术,自然也很高,但他二十多年未登台,由戏馆中得的名誉较少,所以我说:他还不够大众欢迎的资格。

再谈到大名脚,大名脚须有创造,前边已经说过,叔岩可以说是毫无创造。他自童年时代,倒嗓歇业后,一直到民国几年,总未登过台,哪能有创造呢?但他确有演戏的天才,歌唱身段都在水准以上，因嗓音失润，乃是无法的事情。他确很用功，虽倒嗓不能登台，但鑫培有戏，他必要去看。而且极端用心仿效，又拜为师，后又刻了一个图章，文曰“范秀轩”，因谭在宫里当差的名字曰金福，外边则用鑫培二字，号曰英秀，故叔岩有此图章。所以他一生腔调，虽然很好听，但总是没出了谭的范围，不能说有什么创造。腔调如此，身段也是如此。他一生的艺术虽然很好，但没有突过前人的地方，因此便不能成为大名脚。

以上写了这许多，还没说到叔岩的正事，现在才说到，这也如同小说中的言归正传一样。现在先说我同叔岩的关系，大约在前清光绪二十四年，我有一同乡姓蒋，在南城外一家教私馆，我因有事去找他，到了门口，才知道是余紫云家中。我进去见蒋君，见三几个小童，面貌都极清秀，即是叔岩兄弟。以前我并未见过叔岩等，因问：“这不是余紫云的家中吗?”他说：“是的。”看意思蒋君似不愿我久坐。（按：从前教私馆之人因住在东家家中出入不便，大都不愿会客，这是常情。）我说完话刚要走，忽见余紫云出来在帘外大声说：“齐先生来了吗?”即走进来，表示的非常亲近。他问我，您跟程绍唐是同学呀？（绍唐为程长庚之孙故有此问）我说是的。二人闲谈了半天，他还留我吃便饭，蒋君最初见东家进来，似乎颇感不安，及见他同我很客气，他就胆壮起来，也坚留我吃饭，他本怕有客找他，东家不愿意，于他的饭碗有妨碍;当时他才知道我去,于他不但无损,而且有些益处,所以也愿意多坐一会,于是我只好在他那儿吃了一顿饭,以后又去过几趟。这是我所以认识叔岩的情形。

光绪二十六年以后,只在戏园中看他戏,平常就不常见了。民国后见到叔岩,他还常说:彼时就盼着我去,因为我去了,他们就可放学。先生有客,学生放学,乃是旧书房照例的规矩,但蒋君不敢常见朋友,而我可常去,所以叔岩有此语。

现在再把叔岩的家世谈一谈,叔岩为名须生余三胜之孙,名青衣紫云之子,故友罗瘿公(名敦融)从前写过一篇《鞠部丛谈》,书中说梨园世家,真正三辈都是名脚者,只有余叔岩。他还指出梅兰芳虽也三世名脚,但中间梅雨田,只是以胡琴出名,不够名脚。谭富英虽也够名脚,但其父小培稍差。他这种议论,固然不错,但他对于余紫云的来历,尚未知清。三胜无子,紫云为梅巧玲的徒弟,学青衣很好,三胜见他有出息,便养为己子,其实非亲生子也。这与程继先之父璋甫为长庚之抱养子相同。这样情形,在官样文章中,当然可以说三世名脚,按实际上说,则还勉强。因为倘见一个好的就抱养,则有许多人,可以三世名脚也。

余三胜与程长庚齐名,是人人知道的,不必多说。紫云之艺术,倒是很值得述说述说。现在唱青衣的一行,是最受欢迎的时代,其实这种作风,是由余紫云创始的。紫云之前,有几十年的工夫，青衣不大演闺门旦的戏，所有闺门旦的戏，都归花旦扮演，所以彼时，如果有貌美的子弟学青衣，则亲戚朋友，必定都来规劝阻拦：说你的孩子这样好的扮相，为什么学青衣呢？那不把孩子给糟蹋了嘛！那时候戏界人的脑筋，都是如此，这足见彼时之青衣不为大众所重视了。其实再从前，青衣也都兼演闺门旦，后因名青衣胡喜禄老年不能演闺门的戏，于是大家盲从，就都不演了。到紫云才改变过来，不但兼演闺门旦，且表情细腻，当时极受欢迎。王瑶卿继起，仿效紫云，范围更大了许多，遂创成一派。梅兰芳最初完全学瑶卿，而又特别发扬光大了许多，遂铸成了现在旦脚的作风。现在社会中，只知道王瑶卿、梅兰芳之名，而对于创始的余紫云，就多半不知道了。

紫云承受其父遗产，自己止剩些钱，到了中年以后，就懒于演戏，所以不常登台。一次御史衙门团拜演戏，传紫云去演，紫云不答应，招怒御史，说他此次不演，以后他就不必再登台了。紫云赌气，说不登台就不登台。于是自此以后，遂终身未再登台演唱。因为倘御史同他为难，他也真吃不消。这种情形，在从前实事很多，无妨也带说两句。在前清无论多大官员或平民，凡家中有喜庆事，约人演戏，都名堂会战。招来各脚，都用约字，每次的戏份，大约是照戏团中的戏份加倍。宫中及内务府堂官，或御史衙门唱戏，则名曰传差，应给的戏份名曰赏，不得争多。为什么这个样子呢？皇帝之权，人人知之，不必多述，内务府为宫内演戏之总管机关，唱戏的人得罪了他，他不但把宫内差使给你取消，且可以禁止你一生不许唱戏。御史有巡视五城之机构，他不但可以禁止你一生不许唱戏，且可以临时锁拿，不必用传票手续，戏界人当然怕他们，紫云后来不敢演唱，就是为此。

叔岩大致生于光绪十六年，名第棋，行三，幼年即从名老生教师吴连奎学戏，后又拜贾丽川为师，十二三岁时，初登台于平介馆，当时与他并称者，尚有小桂芬。二人年岁相若，初次登台，都在平介馆。小桂芬只早一年，叔岩歌唱之韵味，似比小桂芬稍强。但做功表情，似又不及小桂芬。八两半斤，所以两人齐名。当时还有首民谣曰："真难得俩名伶，小桂芬小紫云。唱也好做也好，能叫座真迷人。"可惜二人都唱了几年，就都不能登台了。

小桂芬比叔岩歇的更早，民国以后，我才又得见他，也很熟，可惜忘了他的姓名，只知他的外号，曰"蜜饯曹操"；这个外号，也很算特别，他是孟小冬的母舅，后来久住天津。叔岩在北平唱了一年外，便往天津去演，后因他虽为紫云之子，但他父唱青衣，他唱老生，以"小紫云"三字为号，稍不合式，乃改名"小小余三胜"。到天津演出，大受欢迎，这一受欢迎，可就吃了大亏了，他家中只知得钱，不管小孩的身体，每日连戏馆子带堂会，至少演两出，多的时候，演过四出，十三四岁的小孩，哪受得了？所以倒嗓后，一蹶不振，以至嗓音终身未能回来。由清朝末年，到民国初年，二十多年的工夫，总未登台演唱，只在春阳友会票房中，消遣消遣。该票房中人才虽很多，但于叔岩则没什么益处，故艺术也不能进步，然叔岩因天才的关系，不但好此，而且极肯用功。在叔岩成年之后，北平所有好的老脚，多数都已去世，彼时艺术最完备最受人欢迎者，为谭鑫培。

拜谭鑫培为师

叔岩以嗓音相近的关系，乃专心效法谭鑫培，凡谭有戏，叔岩无不去看，并拜认为师，送执见礼颇厚。但戏界的习气，哪一个好脚，也不肯教徒弟，程长庚、梅巧玲等，他们都收的徒弟不少，但都是特别花钱另请教习代教，自己或者也许偶尔教一些，但极少，他固然懒的故，不愿教，且真也不长于教戏，这与其他的学问，都是一样，学问大的人，不见得能够教学生。最早不必谈，百余年来，都是如此。比方王瑶卿、梅兰芳两人，收的徒弟都不少，瑶卿自塌中后，本来可以靠教戏谋生活，但是他也不教，只是在偶尔高兴的时候，对大家谈论谈论。他这种谈论，大家听了之后，也就很有益处，所以大家也还能得到技术的帮助。关于戏界的知识，我得到他的好处就很多。若想使他一五一十，一手一势的来教，那是很不容易的。鑫培更是如此。他不但不教人，连他所唱的好腔，都不乐意让人学，一次演《失街亭》，他看到台下票友很多，他知道这些人，都是为学他那个腔来的，于是他的旧腔，一个未唱，都变化了。这件事情，从前的老票友都知道的。

学了半出《战太平》

鑫培连他儿子小培都没有教过，何况叔岩呢？但叔岩恭维他太利害，他无法，只好也得教一些，于是拣了一出不十分叫座的《战太平》，教了叔岩，而且只教了半出，并未教全。其实这些地方，是叔岩没有想开，他一定不会教的，就是叔岩自己也是一样。他后来也曾收了几个徒弟，试问他一五一十的教谁来着？陈德林之子少林，乃叔岩之内侄，叔岩一片好意，很想教导教导他，少林他还肯用心去学，但结果也未教什么。李少春拜他为师之时，执见礼颇厚，闻有烟土几十两，叔岩自是很高兴，但也未教什么，也就是大体的谈论谈论而已。不过有天才的演员，你只管闲谈议论，他听到了，也可以得许多的益处，叔岩更是如此，他不但有演戏的天才，而且聪明过人，又兼常看谭戏，所以他得谭的好处也不少。

这里说，好脚不肯教人，或者有人不相信，说我说他们闲话，也或者有人说，好脚都自私，其实这两种思想，也都不是十分对的，现在可以附带着说几句，作为证据。比方先生给徒弟说一出戏,全出身段、表情、话白、歌唱等等,都教会了,得多大工夫?这里一概不必说,只谈唱功一门,也不必谈全剧的唱功,只谈一段,请问:这一段唱功,得先生唱多少次,徒弟才能记得清楚?这当然必须教者,唱给徒弟听,哪一个好脚,肯卖这样大的气力?在不能登台专靠徒弟吃饭的人,他当然非卖这样气力不可;若好脚天天登台,他当然没有这种闲空,没有这样精神,这就是好脚不肯教人原因。

叔岩的学谭鑫培

叔岩除童伶时代外,一生得力于谭鑫培,这也有其他的原因。叔岩成年之后,该时的好老生,除谭外,只剩下了孙菊仙、许荫棠、汪桂芬这三个人,都是宽嗓,叔岩绝对不能学。再者这三个人,可以说都是票友出身(桂芬虽非票友,也等于票友),叔岩又不屑于学。所以他一切举动,都是专意仿效鑫培。谭死后,连谭的检场的,都找来应用,有时也借此标榜。而一般外行,却也拿这个来恭维叔岩,他自己也颇以谭自负,所以刻了一块“范秀轩”的图章。叔岩之身材嗓音,倒是正好学谭,他这步路,走得是很对的,不过以谭鑫培自负这一层,也有人恭维他,说他极端像谭,这倒是可以不必的。叔岩之天才,虽然近于谭,但绝对不会真像谭,因为世界没有一个人,能够一切都像另一个人的。

从眼神说起

第一眼神。谭之眼神，极足极亮，叔岩绝对不及，所以凡用着眼神的戏，叔岩都不及谭。《武家坡》一戏，乃是薛平贵故意调戏王宝钏，鑫培之眼神，是时时露出故意调戏的神气来，又精神又有趣，叔岩则望尘莫及。《打鼓骂曹》一戏，祢衡看不起曹操的神气，鑫培时时用眼光表现出来，他用眼一看曹操，他那眼光的神气，观客便都可以感觉到，他是瞧不起曹操。叔岩亦不错，但只可以用身段表现之，眼神则不够。总之凡与眼光有关系之戏，叔岩都差。不过这种情形，对于戏剧，没有深刻研究的人，不容易理会，这也就如谭鑫培初次演《捉放》，就有许多老脚不赞成，都说倘陈宫是这个样子，则曹操一定活不了，盖陈宫为忠厚人，而鑫培则特精明，故老脚都有这种议论。总之是各人有各人的长处，各人有各人的所宜。

叔岩的武功

第二谈武功。叔岩虽也有些武功，但非科班出身，终无基本功夫。而叫天出科后，因嗓音未回来，遂演了几年武生，所以他的武功更有进步，一直到老，武功的练习，总未放下，所以《白水滩》一戏，这些年来，谁也演不过他。如《卖马当锏》一戏，末尾之耍锏，叔岩虽耍的不错，但身手腰腿，所谓手眼身法步，就远不及谭。他虽然完全学谭，但因基本功夫稍差，便不及谭好看。又如靠背戏《宁武关》《定军山》等等，叔岩也很好，但腰腿总差。尤其《定军山》一战，耍着大刀片来唱，又俏皮，又利落，叫天演来，可以说是谁也不及，何况叔岩。

第三学人不可忘了自己。国剧之表情身段，都与本演戏人有关。因为国剧，不许写实，他一切的动作，都含舞义，所以表情的时候，一则要像剧中人的身分，二则也要顾及本演员。《珠帘寨》一戏，二皇娘因李克用不受令，乃用言语激他，后来李克用接令箭时说："你拿过来罢！"这时候老谭的身段神气，是又颓唐又潇洒，真是老将振奋的神气，因为他年已六七十岁，所以这样做法，非常美观而合理；叔岩也专学谭的做法，便不大好看，因为他本人尚年轻力壮，如此做法，便是郎当而不是颓唐了。青年老生之学谭者，都犯此弊，不止叔岩。

谭是谭，余是余

以上这些话，或者有人不以为然，因为几十年来，全国之唱老生者，差不多都是学谭，他们以为不像谭，就是不好。其实不然。谭固好，不是谭也可以好。例如汪桂芬，大体上说，当然是不及谭，但他有些腔调，实比谭好。在堂会中，常看到的，谭先唱,汪后唱,则二人所唱,大家以为都好听,倘汪先唱,谭后唱,听过汪之后,再听谭,则便觉着味儿不够了。尤其是《战长沙》一戏,凡堂会中他二人都被约,则大半是二人合演此戏,汪去关公,谭去黄忠,二人是各有好处,可以说是尽善尽美,倘换一个过,汪去黄忠,谭去关公,则两人都没有精彩了。此无他,各人之身段嗓音,各有所宜而已。我常对叔岩说:你用"范秀轩"这个图章,当然是以谭英秀为模范,这是很好的思想,一则效法前辈,乃是美德;二则你的身段嗓音,学谭也最相宜。但是你可以拿这个作为用功进修的原则,不可以拿这个作为号召的工具,因为谭自是谭,余自是余,你的腔调,虽然是学谭,但总有些不像,然而你有你好处,又何必非像谭不可呢?尤其是你有几个音,确比谭好听,比方《鱼肠剑》《失街亭》《闹府》《坐楼杀惜》《南天门》等戏,比鑫培确不错,然《汾河湾》《武家坡》《斩谡》等戏,则去谭尚远。

叔岩的幼年

叔岩一生,虽以谭为宗,但得的别人的益处也不少。幼年时,除吴连奎给他开蒙,贾丽川、姚增禄两人给他说的也不少。此二人乃光绪年间,极出名的教师,自倒嗓以后,又常常与钱金福、王长林、红眼王四诸人来往,不断请到他家去吃便饭并说戏,《对刀步战》,就是红眼王四给他说的。《问樵闹府》一戏,他虽然常看老谭演唱，但详细身段，都是王长林、钱金福二人教给他的。所以他演《问樵》，去樵夫的，永远是王长林。演《闹府》，永远是钱金福去煞神。离开此二人，他身段就做不好看。不但此，其他武戏的把子，也是他们几人给叔岩说的。叔岩幼时，虽也学过打把子，但得力于他们几人者最多，因为几十年来，把子打的最好看的要数钱金福，至少是我所看到的好脚是如此。杨小楼把子，也多是听钱金福说的，但小楼打的姿式，则远不及金福，何况叔岩呢？

陈德林给他说戏

以上说的是武戏，至于文戏，则经陈德林给他说的也不少，尤其是老生旦脚合演的戏。《南天门》一戏，则完全是德林给说的。因为德林跟老谭合演很久，谭的腔调做功长处，好在什么地方，德林知道的当然很详细，他给叔岩说，当然可以算是老谭的真传；不过德林中年以后面貌稍差，与鑫培配戏，多是偏于唱功或苦情的戏：《南天门》《寄子》《武昭关》《三击掌》《桑园会》《斩经堂》等等。至于较活泼的戏，则不大合宜，类如《汾河湾》《武家坡》一类的戏，则后来谭多与瑶卿合演，所以这类的戏，都非叔岩所长，因德林晚年与谭演比较少，也就未给叔岩详说。

总之叔岩所听得本界人的讲究，都是很有价值的话，钱金

《翠屏山》余叔岩饰石秀

福、王长林诸人,虽然多去配脚,但他们的学力技术,都很高深,谭鑫培也是很佩服他们,且很怕他们的,不过因为天才或嗓音的关系,不能当正脚耳!然知识则实高人一筹,叔岩常听他们谈谈,获益自然很多。可是有一样,叔岩听得外界人所谓文人政客所谈的话,则大多数都是似是而非的,而且叔岩很爱交往他们,听的他们谈的话很多,这些话于叔岩,自然有些益处,但害处也不少。

提倡废除“梨园”

例如一次梨园公会开大会，我亦在座，叔岩讲演，说我们应该废除“梨园”二字，改为戏剧公会，或其他名字。因为梨园子弟，是唐明皇的一帮奴隶，现在世界平等，我们大家，既以艺员相称，就应该往高尚里走，应该以艺术为重，不应该再做专供人娱乐的奴隶，也就不应该再用这种奴才性的名称了。他这一套见解，当然是听得外界人所说的，他对本行人，发这种议论，也是很有道理的。但是所有在座人员，大多数都反对，说用了多少年的名词，老辈都没有改过，我们岂能胡改？当时有几位请我起来说几句话，我笑了一笑，说可与言再与之言，这些位的思想，不是一时一刻，所能改过来的，然叔岩这见解，是高于那一群人的。叔岩由这些地方，便也很自负，常常的看不起本界人，而本界人因他骄傲，所以也有些恶感。

叔岩晚年在本界人缘不好，就在这些地方。他在本界人缘虽不怎样好，但外界人，尤其票友，对于他都是很恭维的，其原因也在这些地方。前边已经谈过，叔岩出名，全靠外界文人政客的宣传，而不在演戏，因叔岩由光绪末叶，到民国初年，总算没在戏园中演过戏，则当然没有人听过看过，既没有人听过看过，则大家怎么能知道他的好处呢？这是很明显的事情。后在民国十年之后，虽然演了几年，因嗓音的关系，也没有受欢迎，后遂辍演，未再登台。虽然多数人没看过他的戏，但他名气很大，这当然是政客文人宣传的力量了。

叔岩与王凤卿

叔岩自幼，到倒嗓的时期，前边已经谈过。倒嗓后，虽然歇了几年，未得登台，但他每天仍很用功，除前边所说，他领教的诸老脚外，对于他老丈人陈德林，贾洪林、李顺亭、田桂凤等等，也都是很受教的。因为这些人，都跟鑫培配戏很久，关于鑫培的歌唱身段，都知道的很详细，间接的也可以由他们得到鑫培不少的好处。其中得到陈德林的好处更多，如《教子》《战蒲关》《南天门》《武昭关》《击掌》《桑园会》等等，都是德林给他说的。因为德林长同鑫培合演这些戏，所以他知的较详。至于《武家坡》《汾河湾》两戏，叔岩还不及凤卿。但平均着批评，凤卿固远不及叔岩。但这两句戏，除唱功外，一切动作，较比叔岩合局。

想在宫中谋个差使

德林所以特别指点叔岩者，因为光绪末叶，叔岩嗓音，有一个时期较好，想着多多指点他，给他在宫中谋一个差使。在那个时候，这是戏界最重要的企图，而宫中挑选供奉，固然是由升平署太监掌握大权，但在宫中当差的老脚保举，也有相当的力量，尤其是由皇帝（光绪年间，当然是以西后为主）喜欢的脚色保举，力量更大，差不多是必照准的。例如朱桂芳、王凤卿二人，年纪很轻，在挑差使的时候，艺术尚很幼稚，可是一经朱文英、王瑶卿保举，立刻照准，因为一是其子，一是其弟，尤易得准。彼时德林在西后面前最红，瑶卿就是他保荐的，他要保叔岩，那是毫无问题的，后因叔岩嗓音，又稍颓败，此举便作罢论。这件事情未成，叔岩的心中，当然很不愉快。因为在彼时，叔岩、王凤卿、时慧宝三人并称三杰，这个名词，虽然未能风行，但社会中是承认的；也是因谭鑫培、孙菊仙、汪桂芬为三杰，而叔岩学谭，时学孙，王学汪，三人的程度也相等，所以也称为三杰。

后来时慧宝毫无进益，王凤卿后来倒是很努力，但已没什么大成就，民国四五年后，就显出退化来了。叔岩在光绪末叶，虽未见得怎样好，然确比他两个人高，可是没有能够在宫内唱回戏，他当然是失望的。以后就算是休息了几年，只在春阳票友会混混。然在清宫没有谋到差使，终不甘心，因与袁寒云相熟，遂在袁世凯府中，弄了一名内衙的名义，自已很得意，照了一张内卫制服的相片，特别放大，高高悬在自己客厅中。后有友人告诉他，说内卫不是什么好名义，他才不那么得意了。然他终是很要强用功，对于谭的戏，时刻留神摩仿，所以在那几年中，也颇有进益。

唱的退步,不唱进步

彼时北平戏界有两句话:说王凤卿天天唱戏,而越乃退步,余叔岩永远不唱,而越有进步。这两句话,倒是实实在在的情形。虽如此说,终因嗓音的关系,不能常演,更不能演营业戏,不过在熟人家堂会中偶尔露一两次,而这些友人,又大多数是与春阳票友会有关系的,所以在那十余年中,虽偶也演演,但多数人,都不知道;所有知道的人,也都是听叔岩的友人传说的,并非真看见真听见过的。叔岩最后的几年登台,还是我们几个人提倡起来的。这话并非我自己往脸上贴金。我认识叔岩虽很早,但十余年,没有什么来往,只有在戏界同人家,有婚丧事的时候,偶尔碰到,然也甚少,一次在友人家堂会中,见叔岩演了一出戏,除嗓音外,却是很好,若按艺术说,在彼时中年脚色,实在是没有人可以超过他的。在民国元二年至十七年之间,为北平数百年来,堂会最多的时期,彼时我认识的人,也相当多,有许多人求我当戏提调,我说戏提调这个名词,我决心不承认,然一定可以帮忙。所以彼时堂会,我参加的时候很多,于是我们就介绍叔岩加入,果然一演,人人称赞,此事约在民国六七年。

与梅兰芳合作

彼时的堂会戏，差不多都有梅兰芳。我常对梅说，你们是靠戏吃饭，有堂会戏，乐得的多挣他们几个钱，可是有一样，倘这种堂会戏能够老这样演下去，那我们这个国家，可也就完了。这帮贪官财阀，虽然有钱胡来，可是叔岩却沾了光了，因为连演了几次，听过的人越来越多，人人说好，于是乎誉满北平。倘没有这些堂会，则叔岩便没有这些机会来出演，声誉也不会起来得这样快。因为这种情形，有人给他出主意，说你最好加入梅剧团，一则堂会较多，二则也可以与梅合伙，二人多排几出戏。于是叔岩就常到梅家来谈天，兰芳当然也很欢迎。梅虽与凤卿合演多年，但凤卿有许多戏不能演，且一生不会唱反二簧，因此梅遂有许多出不得唱，所以二人愿意合作。我说你们二人第一次演戏，要来一出合作的戏。二人都以为然，我就想把《戏凤》另编排一排。

利用四种本子合编

既决定编排《戏凤》，于是叔岩把他父亲当年演的本子拿来，又有兰芳祖父的本子（这两本当然差不了多少），又加上梆子腔的本子，上海所印戏考上的本子。但皮簧的本子，虽较文雅，而失之沉闷，梆子的本子，虽失之粗野，而较多趣语。我便把这四种本子，合在一起，另编了一编，该用的用，该删的删，另成了一个本子。他二人看了，都很同意，于是一人便先念本子，他二人虽然都会这出戏，但这一改，则非另学不可，念熟之后，从新合对排练。关于两人对口的地方，谁应紧，谁应慢，谁应把声音提高，谁应把声音压低，以至身段神气等等，都加详细斟酌，我也替他们出主意，如是者排了有二三十次，对的沿丝合缝，果然一唱大红，连堂会带营业义务等戏，接着演了十几次。后来叔岩与兰芳分开后，叔岩与荀慧生演了一次，就不演了；兰芳与凤卿演了一次，也就不演了。无怪都不能再演，因为演的精神差得太多，看着就没什么意思，梅、余两人都说，要不能讨好，还特别费力，这里头的情形，外行人不能领略的。自排了这一出戏，梅杨余又排了一出《摘缨会》，但我并没有十分参与，以后就没有再排别的戏。

余、梅分手原因

后来叔岩终归离开兰芳之班，其离开之原因，确是叔岩不对，他想既有他，就不该再有凤卿。兰芳因自己第一次到上海，是由凤卿带他去的，以后虽然自己叫座力量大，但也不肯把凤卿辞掉，这本是兰芳的美德，而叔岩不能容。其实叔岩有叔岩的戏，凤卿有凤卿的，叔岩固然比凤卿好得多，但如《昭关》《城都》

这路戏，他唱不过凤卿，就说与兰芳合演的戏，《汾河湾》《武家坡》等等，叔岩亦不及凤卿。可是《牧羊圈》《南天门》这些戏，凤卿便不能演，他二人可以说是井水不犯河水。但因叔岩性情，终归离去。后又与小杨两人合组戏班，并约荀慧生，也未能长久，这可以说是杨、余二人的错处。

包银与荀慧生

他们二人承班，赔赚由他二人担任，可是谁也不肯下于谁，于是二人议定，每月每次拿包银二百元；按与兰芳合演时，每人都是一百元。他们二人各拿二百元，荀慧生便要一百四十元。一次小楼在后台告诉我，说，您看，畹华才拿一百元，而慧生要一百四十元，这每天哪卖得进来呀？我问小楼说：这怨慧生啊，还是怨你们两位呢？你们二人，若每人只拿一百元，则慧生要价，不能过去七十元；如今你们每人二百元，则他要一百四十元，也不能算过多。小楼很以为然，不过不久，班就散了。自此之后，叔岩虽又唱了几次，但不甚得意，又到上海去过两次，到汉口去过一次，也都不得意。他不得意的原因，并不一定在艺术，仍是嗓音的关系。就以北平、上海、汉口这三处来谈吧。

在北平、天津两处，叔岩本有老牌子，但因十余年，未曾登台，市面上早把他忘了，所知道他的，多半是文人政客。倘在堂会中演唱，自然很受欢迎，若在戏园中，演买卖性质的戏，则观客多半是商工界，跟他有什么感情？而叔岩嗓子又不好，所以总未得意。

上海去过两次，因为票房同他捣乱，以致卖座太坏，此事曾见各报，不必详述。按因票房捣乱，固然是一种很大的原因，但嗓音的关系，也大得很。大多数的人听戏，都是以嗓音为重，嗓音好他就欢迎，各处观众，都是如此。上海为流动码头，听戏的人，各处来的都有，且大多数，都是不常听戏之人，尤其以嗓音为重；不但专门注重嗓音，且以动作火爆为主，否则是难得他们欢迎的。叔岩嗓音不能响亮，动作更不会火爆，那能不失败呢？不必说他，就是杨小楼到上海，也未能得意。其实小楼的嗓音，很够响亮，按这层说，是在上海应该受欢迎的，而也不受欢迎的原因，就是他动作不够火爆。上海这些年来，看惯了李春来、盖叫天诸人的动作，则当然不会欢迎杨小楼的，何况余叔岩呢？北平人则讥笑上海观众不懂戏，所以盖叫天到北平，也不大受欢迎。其实这也不对，演戏各有各的路子，不一定非小楼不可，也不能说非盖叫天不可，各有各的好处，只若合乎情理，都可以说是好。

汉口之行

叔岩到汉口的那一次，虽也照样卖票，但不是完全营业性质，规模还大。倡办的人，虽然都是湖北人，但在北平政界都很知名，与我相熟的也很有几位，他们跟朱幼芬都是朋友，故特约朱为总经理，专管约脚儿。北平好脚，无不被约，我也很帮他们忙，办法是轮流演唱，每人演一个月。比方，陈德林前半月与刘鸿升合演，后半月与王凤卿合演；凤卿前半月与陈德林合演，后半月与兰芳合演；兰芳前半月与王凤卿合演，后半月与叔岩合演。叔岩的后半月，则与小楼合演，因小楼该时正在上海，演完后赴汉口。当兰芳与凤卿合演时，凤卿本无叫座之能力，这半个月，是全靠兰芳，办事人就天天求兰芳唱硬戏。兰芳说：叫座的戏，也得留着下半月演哪，倘上半月都演出，下半月后力不佳，那不糟了吗？办事人都说：下半月叔岩就来了。兰芳无言，看了我一眼。彼时因有几位办事人，都是我的朋友，他们也约我去逛一逛，又因当时南通张季直先生，也约兰芳到南通去一月，季直先生，是我年伯，曾嘱我代约兰芳，并说好由汉口坐船，一直到南通，并约我同去。因这两件事情，我也到汉口住了二十多天，所以这次我也在座。俟办事员们走后，我对兰芳说：照理想说，叔岩叫座能力不会太大，但他原根是湖北人，此次来演，因为同乡的关系，或者大家都要捧捧，而且报纸对他，也很用力，当不会差大格。兰芳说：我愿意这个样子，果然他有力量，我岂不省劲呢？

登台的第三天

及至叔岩登台，第一、第二两天，没敢自己挑大轴子，都是与兰芳合演的。第三日兰芳要求办事人说：余三哥来了，我该省点力了？遂在倒第二码上，演了一出小戏，没想到售票顿减，以后总未见起色，叔岩遂不得意而回北平。他此行叫座力，虽然不大，但名誉却很好，大致凡在北平听过戏的人，或对于戏剧有点

《定军山》中余叔岩饰黄忠、钱金福饰夏侯渊

研究的人，都很欢迎；其余如工商界的人，尤其是乡间来的观众，大多数就不欢迎了。回到北平之后，就没有再成班，就是偶尔演唱，也不过是临时性质。

叔岩自倒嗓接着塌中以后，四十多年的工夫，总算没怎么得意，这也有他的原因。叔岩之艺，所谓士大夫者，大多数都欢迎；贩夫走卒，稍粗率之人，多不欢迎。然在戏园中，演买卖戏，则观众之中，是粗率之人较多，故他不容易得意。若彼时仍有许多堂会戏，则叔岩仍可多演若干次。而自民国十七年，政府南迁后，旧日的贪官污吏，没有钱演堂会戏，就是有钱，也不敢演了。由此北平，就可以说是没有堂会戏，所以叔岩演戏的机会，也就更少了。看堂会戏的人，虽然奸商财阀很多，但总比贩夫走卒，较为文墨一点，所以欢迎叔岩的人尚不少，堂会戏一停止，专靠营业戏，叔岩就站不住，所以以后就算是没怎么演戏；他身体又常有病，演戏的生活，由此时起，就算终止了。虽有时唱唱义务戏，然也极少。

叔岩人缘不好

叔岩的天才，实在是不错，但眼高而骄傲，他所请教的戏界老脚，可以说是最高的脚色，如钱金福、贾洪林、李寿峰诸人，其学力都比谭鑫培较深，叔岩领教这些人，自是有见识，但他对普通戏界人,是很骄傲。他对文人政客,倒是很乐意欢迎,由文人口中,得的益处确不少,然似是而非的话也很多,此层在前边已略谈过,不必再赘。总之他所听到戏界老辈的话,多是有价值的,且于戏剧都有重要关系。不过因他听到这些高朋的讲究,知识自然较高,便与平常的戏界人,说不到一起,因而就有些瞧不起同行的人,这便是骄傲,所以在戏界人缘不大好。他所听到文人的言语,也有这种情形,有些成分,固然于他有益,但有损的地方也不少。学界人所说的话,自然有许多戏界人不知道,于是叔岩因此也有些自负,下边把这些事情略为谈谈。

时常讥刺同行

他因为常听到戏界老前辈们,讲高明的议论,所以他就瞧不起一般的脚色,对许多人,他都很讥讽。例如龚云甫,虽是名脚,但有些地方,总不够地道,且时出规矩,所以谢宝云活着的时候,陈德林决不与云甫配戏,说他胡来。他出规矩的地方很多,但此事不在本文范围以内,不必多赘。只说人人欢迎的唱腔,忽粗忽细,有时几乎像没有声音的。这本出乎歌唱规矩之外,不但中国,世界各国的歌唱,都讲平正通达,所以戏界老辈,都说他入了魔道,很瞧不起他。从前戏界人,都管他叫做“小龚子”,不会呼他龚云甫的,这当然是讥讽的意思。但是许多观众,都很欢迎,遂成一派；程艳秋因为嗓子不好，对付着唱，也有些地方学龚云甫，创了许多阴阳腔，戏界所谓：粗一股子细一股子。后来又出来言菊朋，更是变本加厉，离歌唱二字更远。一次叔岩在大庭广众中谈天说：最好使龚云甫、言菊朋、程艳秋三人来出《桑园会》。说完这句，下边也没说什么，但大家都明了他的意思，于是大乐。又王又宸的身段，好弯腰，弯腰就要撅屁股，言菊朋好凸小肚子。叔岩就说，最好使他二人演《樊城》，两个一同出场，一前一后，台下看着一定有趣。大家听了又大乐一回。诸如此类，说过很多，确都是各该脚的毛病，而他的话又极有风趣。这里不过说一二事而已；这固然是他的见解高，但在本行中得罪人，也在这些地方。

我虽认识叔岩很早，但我不常往他家去，有几年的工夫，他常到梅宅，所以我与他谈话也很多，且毫无顾忌。一次他对我说：他不愿唱《武家坡》。我问他为什么，他说：因为就没有薛平贵这个人，全部都是以伪传伪。其实他这话，是因为他演不过凤卿，尤其《登殿》一场，乃王帽戏，他唱着更不十分对味儿，所以他这样说法。我当然不好提这层，我说：你这话是完全听的外界人，而且外行的议论；不但外行，而且笨。他不知国剧没有历史戏，戏中自然也有载在历史中的材料，但有利用真人名，而变更实事的，也有用其事迹，而变更人名的。例子极多，不必尽举，总之照真的正史的实事,而又用真人名姓的,可以说是没有。你要说历史上没有的你就不唱,那么《黄鹤楼》,你唱不唱呢?刘备周瑜,自然是有的,但这件事迹,不但正史上没有,连《三国演义》中也不见。再往近里说,《二进宫》这出戏你唱不唱呢?你查一查《明史》,管保没这件事,且没有这几人,这样情形多得很,不必多说。

汉人念唐诗的问题

一次我所编的《霸王别姬》,演出不久,其中有句诗曰:“可怜无定河边骨,犹是春闺梦里人。”就有人说闲话,说汉朝人念唐人的诗,实在可笑。叔岩听到这话,很以为然,他对我说:这是很大的毛病,决要不得。我说这话你当然又是听到外行人说的。这种议论,我听到很多了,萧长华却跟我说过。叔岩问:为什么前人可以念后人的诗呢?我说你先不必问我,我先问问你:你说前人不可念后人的诗,姑且算你说的有理,那么后来才有的名词,前人可以说不可以说呢?他说当然不可以说。我说好了,待我大略给你讲一讲,总而言之,这些情形,你们自己不会知道,哪是唐诗,哪是汉诗,就是偶有知道的,也少的很,这当然是听得文人说的,因为他们外行,又没有看过传奇剧本,偶尔知道这么一两句,就随便大发议论,以为独得之秘,其实若照他所说的情形来办，那元、明、清三朝传留下来的杂剧传奇各种剧本都得烧喽才成，可以说是没有一种剧本用得喽的！因为这所有的剧本中，大多数都有集唐的诗，尤其是每折末尾；有的剧本，完全集唐，而每出中，集唐的诗句亦不在少数。例如《邯郸记》为汤临川所撰，其中卢生所念，多是集唐。这还不算，有许多名家的剧本，简直的用后人的姓，比方随便举例说几种。

《琴心记》传奇，第二十三出念：身在萧关意在吴，西风吹妾妾忧夫；一行书信千行泪，寒到君边衣到无。

《千金记》传奇，演项羽的事迹，而第十五出项羽白：吾闻昔人有七纵七擒之能，我项羽岂不能一纵一擒，甚么轻重？按七纵七擒，为孟获事，在项羽后四五百年。又四十六出张良白有：昔日四皓，俱归隐商山云云。语气未免太早。

汪伯玉之《高唐梦》杂剧，内侍念云：一骑红尘妃子笑，无人知是荔枝来。又：殿上传呼觅念奴，念奴潜伴诸郎宿，此乃直呼后人名姓。襄王念：今夕复夕，共此灯烛光。

《渔阳弄》中童女合念：可知昨夜玉楼成，不是陇西李长吉。此亦直呼后人之名姓。

杂剧传奇中，这种情形多得很，以上不过只举数则而已。总之戏剧乃游艺文章，与八股等文不同，没那么严格，凡挑这种毛病之人，干脆都可以说不通。我说这话，并非武断，前人有这种议论的也不少，兹举一条如下。

明朝王骥德（号伯良），他在他的律二则中，写过一段文字，说元人作剧，曲中用事，每不分时代先后，马东篱《三醉岳阳楼》，赋吕纯阳事也。《寄生草》曲，讲的是烧猪佛印待东坡，抵多少骑驴魏野逢潘阆，俗子见之，有不訾以为传唐人用宋事耶？画家谓：王摩诘以牡丹芙蓉莲花，同画一景，画《袁安高卧图》，有雪里芭蕉，此不可易与俗人道也云云，就是这个意思。

以上这些，都是杂剧传奇中的情形，撰杂剧传奇的人，多数是有学问的人，他们是明知道，而故意这样用法。到了编皮簧剧本的人，多数都是没什么大学问，他们用的句子，这种情形更多，便都是模模糊糊，随便用的了。例如：

闭门推出窗前月　付与梅花自主张

大抵乾坤都一照　免教人在暗中行

闭门家中坐　祸从天上来

不如意事常八九　可与人言无二三

寄身人宇下　怎好不低头

黄河尚有澄清日　岂可人无走运时

等等的这些句子，都是后人的，但戏中无论哪一朝的事迹，都曾用过他。这你都能改了他吗？

再者你刚才曾说，后来的名词，也不该用，话虽有理，但更难了，我随便提出一出来，你就没有办法。比方《桑园会》一戏中的句子，有“靴尖不离午朝门”“织女配牛郎”“马蹄金一锭”“阳关大道人来往”“披枷带锁”“不看僧面看佛面”等等词句，按靴子、午朝门、织女配牛郎、阳关、枷锁、马蹄金、僧佛……都是鲁国那个时候没有的名词，不但此，在那个时候，就没有骑马的，那么你演这出戏的时候，你照样唱不照样唱呢？你要想改，也不难，那至少你还得好好的念五十年书，否则你不会知道某一个名词，是起自何时的，我知道的不过是太仓一粒，你知道的还不及我多，那么有什么办法呢。

《凤还巢》与《循环序》

一次叔岩又对我说，您编的《凤还巢》一戏，是由《风筝误》变来的吧？我听了大笑，我说：你这是看的报纸，当《凤还巢》演出之后，即有人在报中说过这话，因为报中说话是自由的，用不着分辩，你既也如此说法，我可以告诉你，我编这出戏，是自明朝人的传奇《循环序》改编的，一切情节，都是原曲中有的。按这本传奇，恐怕比李笠翁还早百十来年，若说《风筝误》偷的《循环序》尚可。这都是因为戏看的少，曲子脚本看的更少，所以有这些议论。尚和玉曾告诉我：梆子腔中，也有整本的，名曰《阴阳树》，后来我找到了这个本子，果然与《循环序》大同小异。

我同叔岩两个人,平常谈的这类话还很多,以上不过举两三事而已。总之叔岩信文人的话太深,文人一说,他就跟着说下去;然一生得文人的益处也很多,也是事实。

结　论

以上说的已经很多,不必再说了。总之叔岩之资质很聪明,有演戏的天才。又极用功,只是因为嗓音,没有恢复回来,所以未能有大的成就,这当然于他是很可惜的事情。可是有一样,近来票友,凡唱老生的,多替叔岩吹,说他这也好,那也好,这样讲究,那样高超,其实平心静气严格的说,他并没有什么特别的艺术,请听他所唱的腔,哪一个不是学的谭,且都未出谭的范围,并没有自己特创之腔。不过还有一句话,是必要特别声明的,就是他虽唱的是平常的腔,但唱出来,哪一句也比平常人唱的规矩,且比任何人唱的都好听,这便是叔岩特别的长处。又何必惊奇立异呢?他嗓音虽低,但你能听到,便是好听的,且有几个音,比谭的嗓音还好听,这也是戏界老辈公认的。所可惜的,就是他灌唱片太少,而且所灌之片,多数都未能详细斟酌的,以致稍有毛病,这也可以说是他老师的传染性。谭的唱片,有一片他儿子谭二拉的走了一板,这当然应该把原片毁掉另唱,但谭不肯,叔岩也是如此,他说唱片公司给我一片的钱,我为什么唱两片呢?这种思想，很是特别；而他唱腔的味道，不能多数传给后人听听，这也是很可惜的事情。

《洗浮山》中余叔岩饰贺天保

附　录

京剧之变迁

《珠帘寨》的李克用，原来本系染脸，自春台班朱大麻子扮演，才勾大花脸。余三胜去李克用，又用本色脸，谭鑫培宗之，现在都用本色脸了。

从前四喜班青衣有余紫云，时小福。春台班，青衣有陈宝云，王长寿，陆春兰，各脚身分都是一样。俗语说“八两半斤”，所以原先排演对儿戏都好，如《五花洞》《孝感天》《双沙河》等戏，都非常叫座。因为两个脚，分量一样，唱着才有意思。现在一个戏班里头不能容两个好旦脚，就是有两个旦脚，比方演《五花洞》的时候，也都是争着去假潘金莲。这个没什么道理，不但旦脚如此，各种脚色都是这个情形。比方从前三庆班，老生有程长庚、卢胜奎、刘桂庆、华雨亭，花脸有何九、黄三，武生有杨月楼、罗七十(小宝之父)、牛长宝。四喜班,老生有王九龄、李四巴、王仙舟,武生有姚增禄、杨荣寿,小花脸有杨鸣玉、朱莨侬。春台班,老生有张玉奎、张奎官,武生有任七、张七(武二花)、俞润仙,花脸有陈三福、庆四、钱宝丰、朱大麻子,小花脸有麻德子、化虎、杉高王、孙大堂(《打砂锅》极出名),等等。足见各脚都极整齐,所以演《群英会》《双包案》《双天师》《定计化缘》《真假李逵》等等对儿戏,都非常精彩。如今这些戏都是对付着演,要想像从前那们精彩是不容易的了。

走路的人在大街上随便唱戏,与戏园子里头唱的戏,最有关系。鄙人在光绪十几年进京的时候,大街上的人一张嘴便是“杨延晖”,因为彼时杨月楼的《探母》最时兴。后来一张嘴就是“小东人”,因为彼时戏园子里正时兴《教子》。再往后满街上都是“借灯光”“伍员马上”“店主东”“大喊一声”,等等,因为彼时孙菊仙的《朱砂痣》,汪桂芬的《文昭关》,谭鑫培的《卖马》,金秀山的《锁五龙》正走运。后来又改“在月下”,因为黄月山及他徒弟李吉瑞,正以《剑锋山》出名。再往后因为刘鸿升的《斩黄袍》走运,所以满街上又改唱“孤王酒醉”了。近来大家随便唱不是《南阳关》,就是《珠帘寨》,不然就是“保镖路过马兰关”,若堂子里大半是唱“儿的父投军无音信”。所以在大街上一听,便知戏园子里头是什么戏正走运,不但北京如此,到处都是如此。

《搜孤救孤》一戏，原先以公孙杵臼为重要脚色。后因谭鑫培与卢胜奎合演，卢去公孙，谭去程婴，谭说我也有我的身分，不能专去配脚，无所事事，于是自己添了几段唱功。自此以后，这出戏变做程婴的重头戏了。

《卖马》一戏，原先乃是店主的重头戏，后亦因谭鑫培演唱，加了些材料变为秦琼的正戏了。

《探亲》一戏，从前贴戏报子总是乡下妈妈算正脚，自王瑶卿演后，正脚便归了城里的亲家母。可是从前演此戏，有城里的亲家老爷上场，且话白很多，如今永远不带这一段了。再者从前于乡下妈妈进城时，路上要见许多行人，比方前头有一妇人行路，后头一和尚跟着化缘，说"老太太，慈悲慈悲罢"等等的话也极有意思。如今把这一场也免去了。现在都是丑脚故将驴倒骑，他儿子说"倒了"，妈妈便说"到了"，就此下驴。用"倒""到"两字打诨也算有趣。

《女起解》一戏，从前因总是接《会审》连唱，所以头一场只有原板四句，后经王瑶卿将祭狱神添了一段，反二黄，以后就永以为例。可是因《起解》唱功已多，于是大家就只唱一出，不接连《会审》了。近来尚小云乃一直唱下去，且连演《狱中相会》，荀慧生又格外加多，这也足可证明二人的气足。

旧戏的词句，经谭鑫培改过的很有几出，有改的很好的，也有改的很坏的。比方《汾河湾》一戏，在窑外所唱一大段，从前王九龄所唱的旧辞，所说的都是未离家以前的意思，谭鑫培改的辞句都是离家以后的意思。按道理说，应改说离家以前的话，不应说离家以后的话，因为柳迎春信不及他是薛仁贵，所以让他在门外将从前的事说明，听听对不对，如果说的对，方才开门相认，若薛仁贵说离家以前的事情，柳迎春才知道说的对与不对，倘说离家以后的事情，柳迎春一点也不知道，怎么能够判断他对不对呢？所以说应该说离家以前的情形。再说进窑之后，柳迎春的旧词句，是对薛仁贵说"你原先出门的时节，说做了官才回来见我，如今回来，一定是做了官了"等语，如今旦脚还是照旧这样说，可是薛仁贵在窑外唱的一大段都是说的这些事，难道说柳迎春没听见吗？又何必再问呢？这总算两人词句太不呼应，这都是鑫培改坏了。

梨园行的规矩不许翻场。什么叫翻场呢？就是几个脚同在场上，倘有一人说错或唱错，别的脚不但不许笑场，并且还得要替他遮盖，因为别的脚不乐，台下或者可以不理会，若别的脚一乐，则台下便知，该脚或因此得倒好，所以各脚以同行道德的关系，不会给别人翻场。可是谭鑫培最爱翻场。一日演《斩马谡》，李寿山去马谡，于问斩下场的时候，大笑三声。盖旧规矩本没有这三声大笑，鑫培嫌李寿山胡来，于是便说道"招回来"，手下便将马谡带回，诸葛亮问马谡：“你为何发笑？”李寿山无词，大窘，台下给以倒好。一日演《回荆州》，麻穆子去张飞，白中有“俺大哥东吴招亲，为何不叫咱老张知道”，麻穆子念成“为何不叫咱老张知大”。盖花脸张嘴音容易得好，所以麻穆子把“道”字念成“大”字，台下并不理会。乃鑫培说“叫你知大也要前去，不叫你知大也要前去”，也把“道”字念成“大”字，台下便知是因麻穆子念错，所以也如此，于是大乐。又一日演《捉放》，按规矩二人同上时，曹操唱完“八月中秋桂花香”一句后，便须往旁边稍退，容陈宫往上走两步，接唱“路上行人马蹄忙”一句。乃某票友初下海，与鑫培演此，唱完一句后，正往回退，鑫培便从其袖下钻出，接唱一句，于是台下报以倒好。以上这些事情，都叫翻场。鑫培都算不对。可是鑫培也有特别的本领，比如有一配脚虽然不会此戏，若在后台向他说几句，说他照应的客气话，或是求他给说一说，俟该脚上场，无论有多少错处，他都能替该脚遮盖的包水不露，能使台下观客一点也见不出来。

历来学界中人，研究戏曲的很多，但不过都是摹仿。戏界的好脚没有能够教导戏界的人，间或有之，不过是学于彼脚，教与此脚，自己总没有多少发明。闻数十年来，只有两人：一为孙春山先生，即商务印书馆北京经理孙伯恒先生的叔祖；一为林四先生，英美烟公司总经理沈昆三先生的叔岳。听说这两位前辈，研究曲律甚深,自己发明的腔儿很多,孙先生唱的字正腔圆,林先生唱的灵活圆润。陈德霖的腔儿,大半得传于孙先生;王瑶卿的腔,也有许多得之于林先生。至孙先生尚有专为二本《虹霓关》的夫人研究的八句西皮慢板,德霖还记得很清楚,常教与姜妙香、梅兰芳诸人,然台上总没有用过,日久就怕要失传了。

有人说中国戏都是一节一节的,无始无终。这话大错,中国戏自元明清以来,无一出不是整本的戏,所有剧本现尚存在,不必细讲。现在只把戏园中最流行的说几出,比方:《汾河湾》独本,是全本《薛仁贵征东》的一出,系渊源于元曲《薛仁贵荣归故里》杂剧;《搜孤救孤》,是全本《八义记》,系渊源于元曲《赵氏孤儿大报仇》杂剧;《六月雪》,是全本《斩窦娥》,系渊源于元曲《感天动地窦娥冤》杂剧;《桑园寄子》,是全本《黑水国》;《奇冤报》,是全本《乌盆记》,系渊源于元曲中《玎玎珰珰盆儿鬼》杂剧;《珠帘寨》,是全本《沙陀国》;《刺汤》,是全本《一捧雪》;《宇宙锋》,是全本《宇宙锋》;《钓金龟》,是全本《孟津河》;《二进宫》,是全本《大保国》。这一时也不能写完。至于《法门寺》《武家坡》《捡柴》《鸿鸾禧》《御碑亭》,等等,现在都是往往演全本。至所有的《封神》《列国》《三国》《隋唐》《说唐》《西游》《水浒》《说岳》《南北宋》《杨家将》《济公传》《白蛇传》《包公案》《绿牡丹》《彭公案》《施公案》等等说部的戏,更是可想而知。就连不要紧的一出

《请医》，都是整本《幽闺记》里的一出，病的小生便是蒋世隆。至于《小放牛》《打花鼓》《小过年》《顶砖》《打皂王》等等小戏，虽非整本大套，然也是自完其说，有始有终。总而言之，中国戏长短虽有不同，但其原本都是有头有尾，有始有终。这些年戏园中不大演全本，只演单出，这也有个原故，因为台下观客不爱看整本，只爱拣好的听一段，所以戏界也就只拣好的地方演一段。可是只演一段不够看，所以在这一段之中，又加出许多材料，这位加上一段唱功，那位脚色加上一段做功，又一位加上一段把子，加来加去，演的这一段就够吃力的了，谁还能够连演全本呢？比方全本《回龙阁》一戏，若连《许愿》《赠金》《彩楼》《别窑》《击掌》《探窑》《武家坡》《登殿》等折，一人一次都唱下来，试问哪一个旦脚了的了呢？所以就是演全本，也是几人分唱；就是一个旦脚唱，他也得减去若干的词句，省去多少腔调，才能了的下来。这是什么原故呢？因为原先各折中没有这么些词句，更没有这们长的腔儿，所以原先一个人可以唱全本，如今一个人不能唱全本，不但《回龙阁》一出戏这个样子，其余的戏大多数都是这个样子。

光绪初年，北京的街谈巷议，以及前门外老掌柜的（从前听戏的人，以商人居多数，所以掌柜的讲话，很有力量）言论，总是讲程长庚、余三胜、张二奎，有人一提谭鑫培，大家都很鄙视，说他唱的纤巧没出息。这是什么原故呢？大致因为程、余诸位的腔调讲圆宏庄重，汪桂芬、许荫棠、孙菊仙等腔调，去古尚近。谭鑫培的腔调，一变而为灵活轻快，所以大家听惯了旧的，骤然一变耳音，当然是不赞成。再说有一种守旧的人，他的思想，无论何事都是旧的好。又有一种人，也是借此自吹，言外是他看见过长庚、三胜，你们没有看见过就是了。其实凡物日久必要变，再说鑫培对于腔调研究非常之细，于闪板、赶板、垛板等等地方，比古人精致的多，不过他的腔有许多由旦脚的腔变来，所以偏于悠扬蕴藉，他的好处，正不让古人，又何必攻击他呢？这话又说回来了，可是现在人的论调，又是专讲老谭，仿佛不是老谭的腔，就都算不对，这也很不必！这个论调，同光绪初年，各位老掌柜的见解，都是一个毛病。总而言之，古人有古人的好处，今人有今人的好处，若说一件事情，永远不许改变，那是没有的事。

腔调也是一时有一时的风尚，光绪初年最时兴宏亮，比方汪桂芬，唱到“逃出龙潭虎穴中”的中字，台下必然叫好。后来时兴拉长腔，再后时兴拔高，现在时兴垛字转弯，只要连垛几句词，或连拐几个弯，就必能得好，俗名叫“疙疸腔”。

乾隆以前，京中妇女听戏，不在禁例，经郎苏门学士奏请，才奉旨禁止，所以一百多年以来，妇女不得进戏园听戏。当时有人做了一首诗，同他开玩笑说：“卓午香车巷口多，珠帘高卷听笙歌。无端撞着郎螃蟹，惹得团脐闹一窝。”因郎苏门以善画螃蟹出名，外号叫“郎螃蟹”，所以诗中如此说法。民国以来，妇女又可随便听戏了。

台上的规矩，凡脚色上场，引子念完转身的时候，很有分别，若是内场椅（就是椅子在桌子的后边），脚儿在台前向右转，入座时向左转；若是外场椅（椅子在桌子前边），脚儿在台前就向左转，入座时向右转，这是从前定而不可移的规矩。据内行人说，这个原故，是因为戏剧渊源是由提线戏来的，倘都向右转，或永向左转，那提线岂不绕成一处，拧成绳子了吗？这也没什么考据。但是现在的脚儿，有许多不按这个规矩办了。

数年前，每逢戏园中排出一出新戏来，必受评戏的攻击，说他胡造谣言，不遵先正典型；又说是非驴非马的滑头戏。其实什么样的是驴，什么样的是马，他也未见得说的出来。至于“滑头”两字，尤其不通。在几年以前，上海排出了几出新戏，因为他唱功、做功都不多，专靠切末布景叫座，台下以为各脚唱做太轻，大家都说他是滑头戏。其实这就不对，世界上的东西，没有一样的，戏剧也是如此。比如西洋的戏，有只唱的，有只说的，有连白带唱的，有专注重布景的，如必定要讥说白戏，说他没唱功，则被讥诮的人不但不服你的话，他还要笑你外行。专重布景的戏，也是如此。他的唱做，固然不多，但是他所需用的绘画，制造声光电化等科学,也有许多人费了无数的心血才制造出来。按各国大半都拿着声光电化等科学,作为打仗杀人的利器,如今有人用他作为娱乐的材料,岂不较比用他打仗杀人好得多吗?所以吾辈只可欢迎,不应反对。大家要把这种戏,也要用看旧戏的眼光来批评他,可谓所见不广!你骂爱看这种戏的人,他不但不佩服你,他还说你不通。假如说评戏的人,不知道世界上的戏剧有多少种类,只知有中国旧戏,凡戏都用看旧戏的眼光来批评他,那么上海有几出戏还可以算他滑头。但是十几年以来,如梅兰芳、尚小云、程艳秋、荀慧生、朱琴心、徐碧云、高庆奎诸人,或自编的新戏,或重排的旧戏,哪一出的唱功比旧戏不多?哪一出的身段比旧戏不繁?这样的戏叫滑头,那么什么戏才不算滑头呢?至所谓"先正典型"这四个字,字面自然是很有道理,其实在这个地方用着很不通。就按先正典型说,何人算先正,何事算典型呢?历来的歌调音乐,代有变更,不必细论,数百年来的新戏也是时有不同,也不必细论,就用谭鑫培来做个比例吧,现时有许多人很恭维他,可是他对于旧戏变更的地方很多,以腔调论,他的腔调去程长庚、余三胜、张二奎等太远;以词句论,他改的也很多,比方《珠帘寨》《卖马》《搜孤救孤》《问樵闹府》《汾河湾》,等等,他都改过;以身段论,《斩谡》《珠帘寨》《问樵闹府》等戏,他改的也不少。种种的情形,一时也说不完,为什么评戏的人不说他闲话呢？不但不说他闲话，还要规规矩矩的去学他，学他的好处自然是极好喽，像《珠帘寨》的词句，果句句都合当时的情形吗？至于“花啦啦打罢几通鼓”的“花啦啦”三字，尤其没理。在文字里头真正鼓的声音，只有“东东东”，哪有“花啦啦”的声音呢？大家也来津津乐道。细细的研究，在鑫培嗓音清脆，开口音尤其好听，所以就唱“花啦啦”也没什么关系，但是不能算对。谭鑫培均可变更旧制，别人有什么不可以呢？总之，凡事日久必变，鑫培改得坏的地方固然是不少，改得好的地方正很多，若是一出《空城计》，唱一万年永远不许动，那中国还能成一个国吗？

《樊江关》中的樊梨花，所戴额子的后帘，名观音兜。按旧规矩，非去观世音或关公，不许戴此。《樊江关》戴观音兜，始自王瑶卿，老辈往往不以为然。一日瑶卿演此戏，谭鑫培与黄三正同坐闲谈，适跟包的手持观音兜在面前经过，谭曰：“什么戏呀？《战长沙》吗？”黄三哼了一声，没说什么。

《虹霓关》一戏，从前两本连演的时候不多，即便连演，也是头二本的夫人是一人，头二本的丫环是一人，从前没有一个脚，头本去夫人，二本去丫环的办法。有之，自梅兰芳始，现在几乎成为定例了。如小云、艳秋、慧生、碧云等脚，都是这样演法。兰芳第一次演时，去夫人的为王蕙芳，去王伯当的为路三宝，三宝也系初次反串小生。

《醉酒》一戏，从前只有花旦演唱。青衣演此戏，也始自梅兰芳。至于二本《虹霓关》的丫环、《梅龙镇》的凤姐，等等，倒早就是青衣唱的戏了。

头本《虹霓关》随夫人的四老将，从前扎靠起霸，都是郑重其事，如今都变成起哄了，且是各班都是一样，这很不对！

从前三庆班，排《三国演义》，脚色的完备，一时无二，即当时四喜班的《混元盒》，脚色也不算不完全，比方张天师是张玉奎（小名喜儿，当时张喜儿三字颇有名），大蜈蚣俞润仙，青石精庆四，白石怪钱宝丰，红蟒王长寿，蜘蛛陆春兰，蛤蟆董三福，蝎虎田老，黑狐带金花孙彩珠，白狐冯瑞云（以小名冯六儿出名）。钱宝丰，前在四喜，后在三庆，所以《混元盒》《三国演义》都有他。

从前一个脚色，改搭别班，并不十分容易，比方上条所说，钱宝丰由四喜改搭三庆一节，当时同钱去的还有陈三福、李顺亭诸人。闻三庆、四喜，因为这件事情，打了许多天的官司，四喜输了，该脚等才归三庆。到了现在，就没有这种情形了，一人可以兼搭好几班，并且可以随时走随时来，这固然是包银与戏份的关系，但是也有许多别的情形。

《定军山》的黄忠，从前余三胜、景四宝（前在春台后搭四喜）、杨月楼、龙长胜等脚，都戴帅盔，挂白满。后王九龄便戴软扎巾，后来谭鑫培也戴软扎巾，且换挂白三。这种地方，绝非九龄、鑫培的错处,因扮戏一道,不但要合古人的情形,于本脚的形势也要顾及才好,不但扮相如此,就连做功也是如此,比方鑫培《珠帘寨》,到受激接令的时候,说“你拿过来罢”,他的神气是于颓唐中带英武气,这因为是鑫培本已年迈,所以这种身段做来非常之好。看现时学谭的各脚,演至此处也如此做法,就不是颓唐,是浪当懈怠了。这是年龄与面貌的关系。各脚或生的相貌魁梧,或者是精神活泼,演至此处,须另有一种做功,方能好看,不但一处如此,处处都是如此,是在自己神而明之。

《打棍出箱》从前是演全本《琼林宴》,所有戏词,与现在大不相同。现时只演《问樵闹府》,《打棍出箱》一段,乃是始自谭鑫培,一切词句身段改添的很多。现时都是这样演法了。

青衣的戏,以《祭塔》为最难唱,因为戏中所行的腔都是高的。从前老辈常说,旦脚的《祭塔》,就是生脚中的红生戏,因为红生戏里头的腔调也都是高的。

生脚最难唱的是红生戏,因为红生戏十之九是唢呐腔,且都是翻唱。比方《龙虎斗》的宋太祖,《采石矶》的徐达,《攻潼关》的姜子牙,《双包案》的夜行帅(猫神),《青石山》的关公,《五花洞》的张天师,等等,或红脸或不红脸,总而言之都算红生戏,非有好嗓子万不能唱。谭鑫培一生不肯唱此等戏,因为唱这种戏的嗓子不但要好,且非高亢不能受听。当年三庆班,有一位李三，系李顺亭的哥，唱老生以唱唢呐腔出名，专唱红生戏。其后李顺亭唱唢呐戏也很好，翻高的腔，尤其好听。

前清时代，每遇国丧，遏密八音，各戏园子都不许唱戏，这俗名叫“断国孝”。过百日后，才许唱，并且不许在戏园子里演唱，只可找一有戏台的饭馆子，或有戏台的会馆，将就演唱，以便维持各脚的生活。可是大致都是随便凑集，不用班名，因为若用班名，则该班人员都得约进来；若大家都来，又恐买卖不好养不住，因为饭馆或会馆，虽然有个戏楼，但是里头的设备，或坐落的地点，大致总不及平常戏园子，所以听戏的人总较少。再者做官的人，或讲究点的人，也因国丧不肯听戏，所以买卖总不会好。因为这些原故，戏界中有名望的或有钱财的脚色，也往往不唱，所以大家都是随便凑集。

戏界以三月十八日为祭神日，这一天无论何班都不演戏，民国后不讲迷信，可是仍不演戏，所以又叫官工。言其是放官假的意思。在从前各戏班的组织，都是以每年三月十八日为期，各班中添约新脚，或旧有脚色包银的加减，以及各班规定戏园子的轮转，都是这天以前说妥。既说妥之后，就是一年各脚如欲另搭别班，非等到下年三月十八日不可。现在各戏班，到这天也还有点变动，但是不像从前那样重要了。

乾隆嘉庆年间，北京昆腔极盛；咸丰同治的时代，昆腔与皮簧可以算是平等;到光绪初年,昆腔就微了,但各皮簧班中,每日仍有三两出昆腔,以后越来越少。最后四喜班每日仍有杨鸣玉、朱莲芬一出昆腔,可是戏码总在第五六出。自杨朱去世,又添入花旦诸秋芬(茹香父)、小生陈桂亭二人,每日戏码又往前移。闻老辈云:四喜约此二人,并非为园中叫座,不过因堂会往往有人专点昆腔,所以不能不预备几位昆曲脚色。自此以后,戏园中的昆腔,就不见了。到民国初年,梅兰芳又极力提倡昆曲,哄动一时。数年前每演《思凡》《琴挑》,总是满座。一天以《瑶台》演大轴子,梨园老辈,群相惊异,说《瑶台》演大轴子,可算一二百年以来的创闻。梅兰芳学就昆曲八十余出,惜无配脚,不能一一出演。然昆曲总因音调太低,所以在两三千人的戏园中演唱,不易动听,且又太雅,也难得多数人的欢迎,所以仍然是一天比一天衰微。

古人以戏中最重要的脚色为正脚,次重的为配脚,这不过是比较的关系,名词并没什么毛病。到后来当配脚的人,他以为自己是配脚,无关重要,随意偷懒,于是乎有许多戏,因为这个原故,闹的毫无精彩,这就不对了。戏台上演戏,与平常人办事是一个道理。比方屋中有几个人谈话,甲与乙谈,甲说话的时候,他话中所说的喜怒哀乐的情节,他自己一定自然的表示出来;乙于听话的时候,于甲话中喜怒哀乐的情节,一定也自然的表示出来；至在旁听丙丁戊诸人，于该话中的情节，听着自然也有喜怒哀乐的神情流露出来。演戏就是这个情形，不论正脚配脚，都应该把自己应有的现象表示出来。如今的配脚，都是无论你正脚唱白如何，他总是不理会；可是像李顺亭、李寿峰、钱金福诸位，都是郑重其事，所以无论同哪一位好脚配戏，他也得好很多。

有人说新编的戏，总不及旧戏唱功多。这话自然是对的，但这也有个原故，旧戏只演一两场，所以戏情可以尽力的发挥，脚色的力量也可尽力的使用，因为该戏中前后各场的情节，以及来源去路，台下从前都看见过，就是没有看见过的，也听人说过，所以在一两场中，极力做去，台下也能明了其中的道理。若新戏则不然，剧本的情节，台下一毫不知，必须将前前后后所有的事迹都要排演出来，台下方能明了，既须将全本情节一一排演出来，则用时间必长，脚儿的工作自然而然的就多了，若每场再像《三堂会审》《祭塔》那们多的唱功，那就每出新戏没有二十个钟头不能演完，并且脚儿的气力、嗓子，谁又能了的下来呢？所以说新戏的唱功，无论如何，不能太多。

从前派戏，不许倒置。比方当日演戏：如先演过《回荆州》，不许再演《长坂坡》；如先演过《武家坡》，不许再演《彩楼》。这个名词也叫“翻场”，后台最忌，但若白天唱完止住戏，晚间再演，就不在此例了。可是现在后台派戏的人，对于此事也还注意，不过不像从前那么严了。

戏界中都管皮簧叫乱弹腔。按乱弹腔，北京早就有，比方《缀白裘》第十一集里头选的有一出《挡马》，演的是焦光谱（焦赞本家）救杨八姐一事，其标名就是乱弹腔；《屈辱》《计陷》等戏，也用乱弹腔。看此情形，大致是乱弹腔改成了昆腔班的小吹腔。这足见“乱弹”二字，来历很远了。但是当年的乱弹，似乎绝不是现在的皮簧，因为《缀白裘》一书，始自乾隆那时候，既名曰乱弹，当然是用弹的乐器随唱，可是皮簧在四五十年以前，系用笛子。照这们一说，这皮簧与乱弹的来源，一定不是一事了。然则梨园老辈，又为什么都管皮簧叫乱弹呢？或者因为从前的乱弹班，经了多少的改变，变成了现在的皮簧，可是其中经过的情形就不容易考查了。然“皮簧”二字，年代的确不远。

从前戏班登报，第二好脚写在最上边，次等的以次写下去，第一好脚写在最下边，所谓“墩底写”。于是好脚，都争着写在下边，有那分量不够的也想写在下边，旁人往往说他：“你写在下边也未尝不可，但是你自己要想想墩的住墩不住。”言其是他不配写在下边。如今登报，好脚都争着写在上边了，这个原故始自王瑶卿。因当初瑶卿与鑫培同班，鑫培墩底写，瑶卿写在最上层，后鑫培去世，老生换了洪林、凤卿，则仍是凤卿墩底，但是凤卿人缘不及瑶卿，看报的人仍注意瑶卿，大家以为头一名是瑶卿，于是各班登报也就将第一名好脚写在最上边了。

《忠孝全》一戏，共分八本。现时所常演的乃是第七本，前还有秦继龙与他养父闹气离家，又同他寄父蓝唐闹气落店等事，并有大元帅张英征黑水国，金鳌被擒二次，大元帅熊瑞也被擒，皇上又命太监王振挂帅招军等情节，但是全本涣散，毫无可取，只有第七本还算稍有精彩。

戏界规矩，把脚色上场引子之后的四句诗，叫做“定场白”。常有几位老脚，问鄙人“定场白”三字应如何讲法，鄙人便举李笠翁的几句话回答。按《笠翁偶集》中有一段云，“开场第二折，谓之‘冲场’。冲场者，人未上而我先上也，必用一悠长引子，引子唱完，继以诗词，或四六排语，谓之‘定场白’。言其未说之先，人不知所演何剧，耳目摇摇，得此数语，方知下落，始未定而今方定也”云云。定场白如此讲法，毫无疑义。但是从前只管全本中的第一场第一人上来所念的话，才叫做定场白，以后的就不能叫定场白了。可是现在每脚上来的四句诗，都叫定场白，这是日子久了，漫漫的错下来的了。

从前堂会戏，每来一阔人，场上必跳一次“加官”，是恭维阔人的意思，所以来的阔人还须赏钱。民国以来，总算把“跳加官”这件事情取消了。这跳加官是什么意思呢？有人说“加官”是魏徵丞相的，有人说是五代冯道的。据叶德辉刻的《金枪门观剧》

绝句中,引沈德符《野获编》二十五:“杂剧《三星下界》《天官赐福》种种吉庆传奇,皆系供奉御前,呼嵩献寿,但宜教坊司,钟鼓司,肄习之,并勋戚贵藩鉴赏耳。按如今戏场《加官》,手中所持条幅,有‘天官赐福’字样,则其由来久矣”云云。以上叶先生这一段话的意思,大致是因为从前皇帝入座,或勋贵到场,便演下界赐福等戏,借表尊重,后来图省事,只扮一人上场就是了。鄙人对于此说,也极赞成,但是前清乾隆年间,上命张文敏公所编《法宫雅奏》《九九大庆》各剧,共百余种,都是呼嵩献寿的意思,这真正与《野获编》上所说的情形相同。

乾隆以前,昆弋腔与乱弹腔,乃截然两事,绝不会合奏。嘉庆以后,昆腔与皮簧合作的时候,已经很多,所以道光咸丰年间梨园行所抄的戏本,有许多是昆腔、皮簧合唱的,比方前一场是昆腔,后一场就许是皮簧。这因为当年昆腔皮簧,都用笛子随着,所以彼此可以互用。到了同光年间,因为皮簧改用胡琴随唱,所以就与昆腔完全分开了。然皮簧戏中,还常唱昆腔排子,比方《挑滑车》中的石榴花,《拿蔡天化》中的折桂令等等都是,但仍须用海笛随唱,这大致也是因为该脚所做身段,胡琴不容易随唱的关系,所以仍旧用昆腔的排子演到了如今。

梨园中,五月节演《五毒传》《混元盒》,七月七日演《天河配》,七月十五日演《盂兰会》,八月十五日演《天香庆节》,俗名叫做“应节戏”。此实始自乾隆时代。在那个时候,因海内升平,所以皇帝命张文敏公(名照)编了许多院本,预备为内廷诸喜庆事所演者,名叫“法宫雅奏”,内中几十种。预备为年中各节所演者,名叫“月令承应”,内中也分几十种。这应节戏的意思,一定就是由月令承应传下来的。但是宫里头的应节戏,比外边还多,如《屈子渡竞》、《子安题阁》、《升平宝筏》(玄奘取经事)、《劝善金科》、《罗汉渡海》等戏,外边脚不常演。可是外边经梅兰芳又多排出了几出,如《上元夫人》《千金一笑》《嫦娥奔月》等,都是从前没有的。在明朝有位杨文奎先生,曾编过一部传奇,也叫《上元夫人》,但是与梅兰芳的《上元夫人》绝不相同。

从前皮簧用笛子随唱,当年吹笛最出名的是田兴旺,天津人。听本行人说,他能将笛子同是一孔吹的差半个调门,此等地方,全在口力。后由沈六在四喜班时,才改用胡琴随唱。

《南天门》旦脚上场,原先也是原板,后由陈德霖改为慢板,后头“三家店前把饭用”,也是由德霖才改成二六板。

《美人计》一戏,由福寿班才改成皮簧。最初是许荫棠去刘备,老旦全子(票友)去孙母,孙怡云去孙尚香,李顺亭去赵云,陆华云去周瑜,贾洪林去鲁肃。

前清国丧,禁止演戏很严,百日内不许演,百日外虽准演,然不许穿行头。据梨园老辈云,曾见程长庚、余三胜二人,反穿猞猁马褂，演《战长沙》；不许打锣鼓，以梆子代鼓，以齐钹代大锣。一年以后，方许穿行头，然仍不许打大锣。

从前各脚，都穿公中行头，惟要紧脚色，每人须带头网子，靴子各一份，盖恐公中的不合式也。好脚自带行头，始自胡喜禄、陈宝云诸人；大花罗帽，却始自李春来。

四十年以来，特排新戏，或改排旧脚之人，当推黄月珊、贾洪林、王瑶卿诸人。按《拿大莲花》、《定燕平》（瓦岗寨）、《火烧百凉楼》、《贺兰山》、《凤凰山》等脚，都是黄月珊排出来的。《金生色》、《搬兵增灶》、《割麦装神》（王九龄有旧本，名《陇上麦》，与此不同）、《忠义奇闻》、《庚娘》等戏，都是贾洪林排出来的。《金猛关》、《棋盘山》、《万里缘》、《孔雀屏》、《天香庆节》（以上三戏，由昆曲改成皮簧）、《穆天王》、《梅玉配》（二剧均有增改）都是王瑶卿排出。

戏名有展转讹误者，比如从前罗成战斗线娘一戏，原名《马上缘》。薛丁山战樊梨花一戏，原名《樊江关》。樊梨花与薛金莲相争一戏，原名《斗嘴》。后来将“斗嘴”改名“樊江关”，将“樊江关”改名“马上缘”，真的《马上缘》一戏，年久无人唱了。

从前武戏起打，是各戏有各戏的套子，各各不同；如今是无论哪一出戏，几几乎都是一样，只有《恶虎庄》尚是旧样。旧戏各套，将已失传，惟范福太，还能说的上来。

杨小楼、梅兰芳饰《霸王别姬》

《金山寺》一戏，从前各班都唱，但是各班有各班的样子身段，各有不同。现时的《金山寺》，大致是梅兰芳派。梅兰芳的《金山寺》，乃陈德霖所教，又经兰芳添改了许多身段，遂又特成一派了。

《缀白裘》中所选梆子腔各戏，都是特别的吹腔，虽名曰梆子腔,但是各出有各出的腔调。如今传流着的,只有《锔缸》《小上坟》《花鼓》《探亲》几出了。

道光咸丰年间,京中戏班,脚色分十门,即是:老生、小生、老旦、正旦、小旦、丑、付、净、末、贴。可是以刀马旦为贴。小花脸须十门脚色的身段都要学会,且须学各省言语,还要插科打诨,才算好脚,所以小花脸最难学。十门脚色,就是以上所说的各名词,如今戏班中的名词,又不是这样了。

从前净之一脚,即现在的大花脸,但从前净脚的本领,与现在不同。从前的规矩,凡带满髯的戏,净脚都得会唱,比如《弹词》一戏,外净都应演唱。若在一出是净脚的戏,则此戏便应外脚演唱,若前出戏外脚的戏,则此出便须净脚演唱。可是现时的净脚,也还有几出不勾脸的戏。

在光绪初年,京中昆腔尚盛行,观客听着皮簧,就如同现时的观客听梆子戏一样。一日四喜班,在西砖儿胡同谢公祠唱堂会戏,正无戏码,适时小福赶到,遂演《彩楼配》,台帘内倒板,一起长锤,台下都诧异,道:“撒个戏?弗要听个!”由此足见彼时的风尚。

从前台上的音乐锣鼓,彼此都要呼应,全堂以笛子为准,因为笛子不能随便高下也。小锣须与笛的五字高矮相同,大锣准上字,南堂鼓与大锣相同。改胡琴后,还讲西皮外弦,按小锣定。

现在这些规矩，一点也没有了，这很不对！

前见堂邑张凤翔奏疏有云："移风易俗，当自辇毂始，迩来官员。非有喜庆典礼，每酒一席费至二两，戏一班费至七两，宜饬，令节省"云云。按此数目，较目下戏价为何如乎？

李斗《扬州画舫录》云："两淮盐务，例蓄花、雅两部，以备祝厘大戏。雅部即昆山腔；花部为京腔，秦腔、弋阳腔、梆子腔、罗罗腔，统谓之乱弹。昆腔之盛，始于商人徐尚志，征苏州名优为老徐班。黄元德、张大安、汪启源、程谦德各有班。洪充寔，为大洪班。江广达为德音班。江鹤亭征花部为春台班。自是德音为内江班，春台为外江班，又曰安庆。以二簧来句容，以梆子腔来湖广，以罗罗腔来京腔，用汤锣不用金锣，秦腔用月琴不用琵琶。京腔本以宜庆、萃庆、集庆为上，自四川魏长生以秦腔入京师，色艺盖于萃庆集庆之上，于是京腔效之，京秦不分。迨长生还四川，高朗亭入京师，以安庆花部，合京秦两腔，名其班曰三庆，而曩之宜庆、萃庆、集庆，遂湮没不彰。春台因外江不能立门户，亦采京秦二腔，演《滚楼》《抱孩子》《卖饽饽》《送枕头》之类。京师萃庆班谢瑞卿，名"小耗子"，工演阎婆惜，扬州有谢氏一派。四川魏三儿，号长生，年四十，来郡城投江鹤亭演戏，一出赠以千金。郝天秀，得魏三儿之神，人以坑死人目之。云嵩有坑死人歌。小张班，十二月花神衣，价至万金。百福班一出北钱，十一条通天犀玉带。京师丑脚凌云浦，本世家子，工诗善书。广东刘八，工文词，好驰马，试京兆不第，流落成小丑，绝技以《广举》及“毛把总到任”两出享盛名云。此所述甚详，皆乾嘉间事，可作梨园掌故观。至其伤财斗侈，后来又何足比数？今京师菊部中人，犹传外江一语，亦自有本。（录邓文如《骨董琐记》）

从前刀马旦，所穿打衣裤袄，只穿裙子，后由万盏灯才添系绣花战裙两片，于是风行一时，现时都穿了。

小花脸毓五，所排之戏颇多。《跳驴子》一戏，系演李妙郎张丽容故事。此外《入院》、《出院》、《缝衣》（系一和尚一尼姑）、《女店》（商禄）、《挂画》（朱洪武马赛花后为娘娘）、《烧灵》（《药茶计》）、《瞎子捉奸》等等，皆其所长，现已无人演了。

刘继庄《广阳杂记》云：“秦优新声，有名乱弹者，其声甚散而哀。”是乱弹始于清初，且为梆子别调也（录邓文如《骨董琐记》）。

《南天门》曹福数八仙一段，从前都是紧打慢唱，经谭鑫培才改为二六。

《天雷报》之妈妈从前都是老旦演唱，尤以周长顺为最好。自从罗百岁与鑫培一唱，王长林继之，现算是小花脸的戏了。

戏中凡走边，大半是夜行之事，或前去窥探，或偷盗，或拿贼，等等，均用走边。如《拿高登》《赵家楼》皆是。所以走边的身段，或仰身远望，或俯身近窥，都是夜间看不清楚之神气。如今走边走的好的人不多了。不过现时身段做完，用呀字叫板时，仍用仰身远望神气，这还不离旧规矩。按走边之情形，系因不能在大街、大路行走，或由路边疾走，或由墙边偷行，所以名曰“走边”。

穷生所穿之青褶子，上缀若干块各色绸子，系表示破坏之意，名曰“富贵衣”。因穿此衣服之人，虽一时穷困，但皆系有志之人，将来结局一定富贵，所以名曰富贵衣。从前另有女富贵衣，如《武家坡》等戏，王宝钏便穿此衣。如今箱上，差不多不预备此件衣服了。剧中男子，所穿之褶子做法，乃大领大襟，女褶子本亦应如此制法，自兴出时式褶子（时式褶子立领对襟，如现时青衣之青褶子）之后，衣箱上便不预备此种褶子了。而以此种制法作为道姑所穿，名曰“道姑衣”。按旧式道姑衣，专有类似水田衣之花样做法，如今不论花样如何，颜色如何，只若大领大襟，便名曰道姑衣，则旧规矩之女褶子，如今成为道姑衣之专用品矣。惟老旦尚用旧式褶子。

旧有之戏，有时风行一时，有时便无人排演，此大致因每一好脚便不肯步前人之后尘，总要觅几出冷戏演演，以新台下之耳目。如《战长沙》一戏，从前为程长庚长演之戏，近来亦为极流行之戏；但同治到光绪初年十余年间，无一人演唱，经谭鑫培始创演之。鑫培初次演此，系在麻花胡同继宅。当初排此戏时，无人能去魏延者，盖日久不演，均未学也。后问及何通海老先生，方知彼曾演过，遂约共同演唱。再三十余年前，德俊如演《女起解》，亦无解差一脚，亦由何通海配演，如今此剧亦为极流行之剧矣。他剧类此者甚多，不必尽述。

从前堂会，大致无预定戏目，来宾可随时随意点戏，如今未演之前均须预定各脚均演何戏，临时更动者已不多见矣。按《唐人教坊记》中云："凡演戏，所司先进曲名，上以墨点者即舞，不点者则否，谓之'进点'。""点戏"之"点"字，当即出此。前清宫内演戏之制，未演之前，亦进戏目于上，与唐时略同。

《金钱豹》一戏，原名《红梅山》，乃孙悟空之正戏，后由俞菊笙重排，将金钱豹加重遂变成金钱豹之戏，因此即将戏名亦改成"金钱豹"。如今一提"红梅山"三字，恐知者不多了；然幸而剧中脚色，有时尚念出"红梅山"三字来。

鲁肃一脚，最好者当推程长庚。其后即系杨月楼。月楼乃系程继先之父章甫所说，故颇得长庚三味。以后谭鑫培去鲁肃，则大不对工矣。因鲁肃本忠厚人，而鑫培则目光太聪明，故二三十年前，老脚皆云彼去之不大对工，然目下求如鑫培者，已不可得矣。青藤山人《路史》云，"高则成《琵琶记》，有第一出、第二出。考诸音书，并无此字，必齣之误也。牛食吞而后吐，曰齣。

似优人入而复出也”云云。按出亦作齣,俱音痴。元明各种剧本,大多数作出,惟明代玉夏斋所刻之《绣像传奇》十种中之《花筵赚》及《鸳鸯棒》两种内,皆书第一齣,第二齣,余皆写出;但《长命缕》一种,则书第一出,第二出。

《空城计》一戏,谭鑫培完全学卢胜奎,不过后来又变动的很多。卢胜奎之原腔,陈德霖还能唱,亦有较鑫培好听之处,如“原来是司马发来的兵”之“马”字,卢因自己嗓音稍痖,故唱时音稍往下压,鑫培则稍提高矣。

武戏中翻筋斗、拿大顶等名目颇多。按明于慎行《笔麈》云,“汉有鱼龙百戏,齐梁以来谓之散乐。乐有舞盘伎,舞轮伎,长蹻伎,跳剑伎,吞剑伎,掷倒伎。今教坊百戏,大率有之,惟‘掷倒’不知何法,疑即翻金斗。字义起于赵简子之杀中山王,以头委地而翻身跳过谓之‘金斗’。按今之演剧者,以头委地,用手代足,凭虚而行,或纵或跳,旋起旋侧,其捷如猿,其疾如鸟,令见者目炫心惊,盖即古人掷倒伎也”云云。按用手代足,凭虚而行,即如今武戏中之拿大顶;或纵或跳,旋起旋侧即翻金斗。至舞盘、舞轮、长蹻、跳剑、吞剑等伎,则北地各处皆尚常见,惟剧中皆未采用也。

从前《连环套》一戏中有“兵发热河”一语,慈禧太后因咸丰年间往热河一事,故最恶此语,后便改念“兵发口外”,至今仍之。

有许多人说，戏台上的行头不像真的。这话自然是不错，但是真的衣服，如皇帝及官员的衣裳，在专制时代，怎么肯许随便穿呢？在没有功名的人，戴上顶子，有人告发了他，便须治罪。从前有一次御史团拜，堂会戏演《四郎探母》，两个国舅，一戴蓝顶，一戴白顶，台下大怒，说顶戴乃朝廷名器，哪许随便玩弄，立刻将后台管事打了二十棍。像这种情形，若饰皇帝之人，把皇帝的全套衣冠穿戴出来，还不是死罪吗？所以说戏台上的装束，无论如何，不能像真。在清朝时代，戏中方有前朝皇帝上场，然清帝仍万不许扮演。明朝以前，皇帝上场还很少，我们打开各种传奇来看，只有《浣沙记》《彩毫记》《茂陵弦》《玉合记》《金莲记》《四喜记》等数种，其余如《春芜记》，则有楚王上场，《运甓记》则有晋主上场，此皆戏中不认为是正式皇帝者。《邯郸记》之上皇帝，则系梦境矣。

辽曲宴宋使酒一行觱栗起歌，酒三行手伎入，酒四行琵琶独弹，然后食入杂剧，进继以吹笙，弹筝歌，击架乐，角牴。王介甫诗“涿州沙上饮盘桓，看舞春风山契丹”，盖纪其事也。按酒一行觱栗起歌，当即现时剧中饮酒吹牌子之来源。

如今戏中，凡有客来，主人必说“未曾远迎，当面恕罪”。按此种语言，元明杂剧中，亦偶用之，但词句稍有不同耳。如《玉壶春》杂剧，楔子中李玉壶对陶伯常说：“只合远接，接待不及，勿令见罪。”《铁拐李》《度柳翠》两杂剧中，亦都有这三句。

戏台上场之门，名曰“鬼门道”。此层古人论之甚详。有人曰宜写“古门道”者，亦有人曰应写“鼓门道”者。此等地方，不必聚讼，古人说法，亦不一致，如《铁拐李》《马陵道》《东坡梦》《金线池》《竹坞听琴》《抱妆盒》《货郎旦》等杂剧，则皆书作“古门道”；如《邯郸记》《西楼记》《蕉帕记》等传奇，则书作“鬼门道”。

明朝人传奇里头，常用很龌龊、很下等的话白，如《金雀记》第四出、十二出，《怀香记》的第十七出，《八义记》第三出，《锦笺记》第十五出，《狮吼记》第四出，《蕉帕记》第二十一出，等等，皆有之。

杂剧中之谄媚小人，多用柳隆卿、胡子转，两个名字。如《杀狗劝夫》《冤家债主》《东堂老》等杂剧，皆用之。《金雀记传奇》，亦曾提及。

梆子腔中，无论生旦净丑，于绕场的时候，往往念“行行去去，转弯抹角”等句，恒有人讥为太俗。其实此皆来源于传奇之旧规矩，如《霞笺记》《精忠记》《焚香记》《怀香记》《运甓记》《白兔记》《三元记》《投梭记》《水浒记》等等，皆有此种句子。

目下戏界中人，说话凡台上一切举动舞式，都叫做“身段”。不知“身段”二字，始自何时？按焦循《剧说》载，“江斗奴演《西厢记》于勾栏，有江西人观之三日，登场呼斗奴曰：汝虚得名耳！指其曲谬误，并科段不合者数处"云云。戏界名姿式曰身段，当即此意。

昆曲中小花脸，非说苏白不可，此本毫无道理。李笠翁论之详矣，不必再赘。按清朝初年以前所印传奇脚本，其中绝无苏白，有类似苏白者，只有《西楼记》第十出门公之白，《锦笺记》第十三出，《运甓记》第十三出牧童山歌，《凤鸣记》三十九出赵时来数种。然亦非纯粹苏白，不过稍杂江南土音耳。

戏界中人说"千斤话白四两唱"，是说白比唱功繁重的多了，但是身段表情，比说白更重。从前科班徒弟学戏，某脚有某脚开蒙之戏，意思是先把这几出戏学好，举止动作，说白传神，各种根基都打坚固，则他戏可迎刃而解矣。兹将从前昆弋腔各种开蒙之戏，大致列后：

老生：对刀步战　搜山打车　别母　渡江(祝发记)
正旦：夜课　认子(慈悲愿)　女诈　养子(白兔记)
旦：游园　惊梦　寻梦　挑帘　裁衣　闹学　水斗
小生：梳妆掷戟　起布　雅观楼　回腊　拾画叫画
　　看状　对刀步战　亭会　乔醋
花脸：跳灵官　跳财神　跳判　跳皂隶　嫁妹　火判

刘唐(短打)　闹庄(铁勒奴穿箭衣)　花荡

挑袍　刀会　负荆

丑:跳魁星　跳财神　跳皂隶　排衙(拜东荆钗记)

拾金　活捉　下山　佛会(玉簪记,戴学士盔穿官衣要丢去穿软褶子之各种身段)　盗甲　问探

访鼠　讲书　落园(钗钏记)

为什么要先学这几出戏呢?因为里面有极重要身段、表情和说白,所以要先学他。俟这几出戏学好,方学他戏。如今学戏之人,往往不管身段表情,而专学几句唱功,便要登台,则恐于戏剧一途,永远不能入门矣。

古人对于妓女,视为一种营业,至于品行,则视其人之行为而论定之,不以其为妓女便视为下贱也。如元明清剧本中,《谢天香》杂剧之谢天香,《曲江池》之李亚仙,《玉壶春》之李素兰,《风光好》之秦弱兰,《独占》之花魁女,《桃花扇》之李香君,等等,皆妓女也,而剧本中对于其行为,见识节操,皆极力恭维描写之。

戏文里头,描写烹调做饭之事甚少,惟《邯郸记》第八出,则极力详细描写之。《双烈记》中第二十六出,也略写做饭之事。其余剧本中,则不多见了。

如今称呼老爷之长辈为太老爷,可是没有称太太的长辈为太奶奶的,但明朝以前则有此种称呼,如《玉合记》三十一出,《玉环记》三十四出,以及《金莲记》等传奇皆有之。“爷、爹”二字,从前不分,往往互用之,如《埋剑记》第五出第七出,《双烈记》二十八出,《义侠记》十九出,《运甓记》《三元记》《绣襦记》《千金记》《投梭记》《灌园记》等等,皆有之。《玉环记》三十四出则称太老爹。

数十年来,编戏本子的人,对于剧中人应穿何种衣服,都不大注意,所以某人应用何种装束,剧本中没有写明的。其实古人对于此等地方,也很注意,因为定准穿何衣服,方知身段如何做法;定准身段如何做法,方能知戏词应用何种语气,如此则编出戏词来方能处处熨帖,所以从前编剧家对于衣服皆三致意焉。兹略举数种如下:

《金莲记》第四出,黄鲁直戴忠冠上。第七出,外扮程伊川,深衣,角巾。

《昙花记》第十三出,末朱衣幞头,扮毗沙门天王使上。十九出,丑扮半天游戏神,绣袄上。

《四贤记》第十九出,外衣巾同净庶服上。

《鸣凤记》第三十四出,外青衣,小帽。

《西楼记》第二出，生晋巾，青圆领上。第六出，净便帽鲜衣上。第二十出，小生高冠盛服上。

《水浒记》第二出，外白须野服上。

《狮吼记》第二出，生晋巾便服上。第三出，小生角巾，忠靖衣上。

《义侠记》第二出，生戴青布衣銮带上。

《补天记》第三出，外扮刘备，包巾袍服上。第四出，杂扮献帝，旧冠服上。

《桃花人面》杂剧，第一出，生散服上。

《昆仑奴》杂剧，外扮郭令公，金幞头，红袍上；又崔生金束发冠，红袍上。

戏台上正在歌唱之际，胡琴忽然断弦，这是常有的事，近来则归弹月琴之人特备一胡琴预备接拉。从前则用笛子接吹。

骑马行走，大致总是马鞭朝上，惟独傻奎马鞭朝下，意思真正骑马，绝无永远扬鞭者，故彼独马鞭朝下。后来金秀山即学傻奎。

从前叶福海，即叶春善之兄，搭三庆班时，在广德楼演《刀会》《训子》等戏，因违禁官场，非把班主程长庚带走不可，经人说项，只将徐二格带去责罚，以后各班皆不敢演关公戏矣。过了几年，禁令稍松，才又有演者，但通名仍不许说关羽二字。

管领戏剧之南府，即清初吴三桂之子吴驸马府。老辈相传，府中犯五蛊七煞。五蛊者，大厅五柱及院各方，皆不对正；七煞者，院中有井七眼。据云，系特旨如此建筑者，盖恐吴氏绵长也。吴氏败后，即无人敢住，后即归南府，以正殿为祖师殿，又有刀枪锣鼓等事，故不惧此蛊煞也。余曾闻数老辈言之，不知果如何。

《八大锤》乃全本《现铜桥》之一段。据剧界老辈云，从前四大将不尽用锤，由徐小香起，才尽用锤。然此四对锤，由小香自备，箱中不制备也。如今北平各戏箱中，仍不预备，每逢演此，或由该角自备，或由外赁，仍系切末性质，不在把子箱规矩之内也。

从前插科打诨之词句，文人往往不编，由脚色随意说之，故传奇中对于此等地方，往往注明“随意科诨”字样，盖因此皆不甚重要之处，虽费力编之，亦无大意义，且科诨更有随机应变之必要也。故后来好脚对此亦极注意，能够现编制者，往往独出心裁，以博哄堂之好。如二本《虹霓关》，小花脸被打后之四“几几乎”，各人各次，皆有不同。戏中此等地方极多，是较文人预为编制者为有趣多矣。但有许多不要好的脚色，则随意将陈腐之词句塞责，便觉毫无趣味矣。萧君长华，曾对余说：戏中遇有照例应念之词，也要看上两出是何戏，是否与自己应念之词有无犯重之处，倘或有之，即应躲避。比方地方上场之数板，照例有几种念法，如第一种为“地方地方，差使难当；一时不到，两腿遭殃”。第二种为“打道前来，闲人要闪开，行者让路，坐者把身抬”。第三种为“结彩悬旗，鲜明要整齐，两旁站立，莫要笑嘻嘻”。以上三种，性质虽不同，但若上一出有人念过第一种，则自己便须念第二种或第三种，倘能自己现编则更妙矣。

萧长华君为余言，从前演《临江会》，王楞仙去周瑜，刘奎庆去刘备，有掸尘让座、抢先行礼等身段，刘备自己往下拉椅等情节。后与李顺亭合演，仍如此，今则无矣。从前演《临江会》，中间有二三十年不上关羽，以张飞代之，程长庚永远去张飞，后即归穆凤山。

从前好脚唱红之戏，他脚不肯轻易演唱，一则是戏德，二则也是要存自己的身分。倘自己演的不及人家，便算丢人。顷又闻得萧君长华说：张胜奎在世之时，谭鑫培不演《打侄》《失街亭》《盗宗卷》等戏。刘赶三在世之时，罗寿山不唱婆子戏及《卖绒花》等戏，亦即此意也。

在前清每遇斋戒、忌辰日期，决不许娱乐，尤不许演戏，所谓“可怜一曲《长生殿》，断送功名到白头”一案，即系忌辰日演戏之故。但彼尚是格外通融，若按大清律说，便是大不敬的罪过，故清时各戏园奉之甚严。每逢斋戒、忌辰日期，各戏园一律回戏，且在门口挂一小黄牌，上写忌辰或斋戒字样，后来省事，只贴一小黄纸条，亦仍写忌辰斋戒字样。所以从前每逢想去听戏，必须先翻时宪书看看本日是否忌辰斋戒之日。在正月间，有戏的日期很少，因为该月忌辰斋戒太多也。到民国元年，各戏园呈请于忌辰斋戒日期，准其一律演戏，经警厅批准以后，就不知什么是斋戒忌辰了。余尚存有该批原文如下：

> 外城巡警总厅批：据各戏园商人禀请，于斋戒忌辰等日一律演戏等情。当经本厅申奉民政部批，准斋戒忌辰日期，照常演戏等因。仰各该园，一体遵照，此批。
>
> 右谕各戏园知悉。
>
> 中华民国元年阴历二月初五日（阳历三月二十三日）

“且住”二字为戏中最普通的话，凡收煞前边之言论时，或收煞自己心中之观念，等等，皆非用此不可。如不用此，便难转下，倘用之便诸事轻而易举。在咸丰年间，因住字之与皇帝的名字詝字之音相同，故宫中演戏，务须避之，到“念且”住二字时，皆改念“且慢”，于是戏园中演戏，亦须如此，如今则两种皆用矣。

戏中每遇关羽的戏，皆不许直呼其名，本人则称关某，通名时则只称关字，别人或敌方则都称他为关公。比方《战长沙》，黄忠则说“来者可是关公”，一般学者对此极端不满，且讥为不通。

其实这也有个来源，在清朝以前，文庙武庙，几乎是一样的郑重，故孔、关二人的名字，皆须避讳。羽字虽不能严避，而亦特将笔画缺末两笔，羽字本为三撇，后特改写为两点，就是因为关公名字的关系。所以乾隆年间，张德天奉旨编《鼎峙春秋》，每遇关公之名，皆不敢直书，自己则说关某，他人则呼曰关公，戏界至今，尚相沿习。但此亦不必讥其无知，如果讥其无知，则学界现在写羽字仍写为两点，是与戏界之无知相等矣。

从前龙套下手等绕场，皆有一定的牌子。如走太极图，则一定"五马江儿水"。场上走完，牌子亦打完，尺寸均须合式。如今脚色太懒或走的太快，不等牌子打完他早下去了，往往闹的半截牌子，无法交代，这是极不合规矩的地方。

《泣颜回》《风入松》《急三枪》等牌子，凡打鼓者遇用此牌子时，每个均须打两个，因一起帽，一不起帽，例有成规。如今则往往只打一个，实不合规矩矣。如《对刀步战》则仍打两个。再如《粉蝶儿》，在《赵家楼》中，亦仍用两个。

从前监场人兼放彩火，也是很好的一种技术。万盏灯演《小上坟》，将托盘钱张纸放下，身子往后一撤，监场的从上场门一把彩火，正落在托盘内纸钱之上，纸钱登时燃烧，这种名词叫做"吊鱼"。萧素贞接着起唱行礼，颇为美观。再者《混元盒》火炼人皮纸一场，正场放一盆，盆中盛烧酒并盐质等等，女鬼在内唱倒板完后，检场人用彩火亦由上场门洒于酒盆内，烧酒即行燃烧，女鬼即随着一道彩火上场，台下皆未前知，意思颇为神妙。如今这种技术，亦不多见了。

如今票友学识，专注重唱功，只要能唱几段，便要登台，把一切说白身段，都认为是不关紧要之事，这是很错的！中国的戏剧能在世界占得一席，全在各种身段姿式，话白也很重要。程君继仙曾对余言：从前程大老板长庚，使其亲近子弟学戏，不使唱只使念白，每日须念一两个钟头；念白时口对着墙，墙上贴一纸片，俟白念完，纸片上不许有吐沫，因念白有力，方无吐沫也。对于脚步，尤其要紧，每日亦须走一个钟头，不如此则足下无力，上台便不美观。据鄙人看来，台步身段，较念白更为重要，因每脚出台，台下最先看见的便是身段脚步，倘一懈怠，则台下便觉着失望，以后再想提起观客之精神来，便较难矣。

关于皮簧用胡琴笛子一层，尚君和玉曾对余言，尚君在科班时，闻之高老四云，曾听见他哥哥高太和说过：皮簧从前原系用胡琴，在嘉庆元二年间，皇帝以为腔调既名为二簧，与二皇帝相同，彼时正有太上皇，戏中所用胡琴，又系两根弦，一为老弦，一为子弦，名字声音，又与老贤、子贤相同，无论哪一根弦断，意思都不好，特旨废去胡琴，改用笛子。大家不敢不遵，于是皮簧禁用胡琴矣。到同治元年，皇帝自己会唱，以为笛子不能发展腔调，又命改用胡琴，所以到现在又到都用胡琴了。按高太和确系嘉道年间极出名之净脚，他所说的话，总有几分靠的住，特志之。又按：高太和、余太华、幺坤等等，都是嘉道年间出名的花脸，但同是在梆子班里。老净脚胜庆玉先生，今年七十六岁，为安庆科班学生。昨日来谈，余即以从前皮簧用胡琴笛子之情形问之。据胜君云，“当年安庆班之教习，皆系成亲王府科班学生，都是祥字辈。同治初年余在科班时，曾听见那些老教习们说过，清初北京尚无二簧，只有四种大戏，名曰：南昆、北弋、东柳、西梆。昆、弋、梆三种，人人尽知，惟东柳一种，知道的很少了。东柳者，原名柳子腔，现已失传。听说山东尚有，现在的哈哈腔等戏，是其支派。乾隆皇帝下江南之后，才有二簧班来京，当初是用胡琴随唱，彼时即名曰二簧，亦在宫中与前四种戏同样承应当差。到嘉庆年间，皇帝说胡琴有老弦、子弦，字音似老贤、子贤，无论哪一根弦断，都不吉利，命即改用笛子随唱。又有御史参奏说，‘二簧’字音似‘二皇’，应请敕改名称。嘉庆皇帝览奏，颇以为然，以后便不常命二簧班承应演剧矣。班中各脚无事就常在外边私自演唱，因即商请南府总管太监奏准，可暇时在外边演剧，但名曰排演，意思是排好之后，预备在宫内当差。但是外边演剧，前三出仍须高腔（即弋腔），以后方演二簧，而仍不许名曰二簧，故群以徽班呼之”云云。胜君又说，彼年幼时听戏，每日第一出尚须演高腔，后来欢迎的越少，第一出亦不演高腔矣，惟仍须打高腔通（音痛）。余按胜君此言，与前条尚和玉君所谈相印证，觉得很有几分可能性，因祥字辈脚色，皆系嘉庆年间之人，当时的情形，皆其目所及见也。再彼所云当年戏园中演戏，前三出须演高腔一节，尤为有理，就以现在说，皮簧班开戏之前，仍须打高腔通。至新戏园开张，须用高腔，至清末犹然，余亦常观之。民国以来，此例始废。再者清末宫中演戏，第一出仍须高腔，亦名曰“御制腔”。皮簧音韵，分十三道辙。其中“乜邪”一辙，皮簧中用的最少，《脱骨计》寇准唱词中有之，如“听谯楼打三更才交半夜，思想起老王悲悲切切，我只得出灵堂前去小解，又听得后面扭扭捏捏”等语，又醉酒及探亲吹腔中亦有之。昆腔中则颇多，如《西厢记》中之第十六出，《紫钗记》中之第六出第二十四出，以及《单刀会》等戏，皆有此韵。余因皮簧中不多见，故编《嫦娥奔月》时，在兔儿爷唱词中，特用此辙。

戏中词句，有许多今人不解的地方，但此大多数都系方言也，不可太非笑他。

自昆腔已有之前，随记忆所记，略书数则于后：

令堂有么（《荆钗记》） 长老有么（《精忠记》）

谢公有么（《焚香记》） 锦文罽薄（《邯郸记》）

老先(恒见)　死临侵地(蒙古话　恒见)

恶茶白赖(蒙古话　恒见)　恰又来(《荆钗记》)

下次可敢了(《闹学》等)　什么讲话(恒见)

以上昆曲。

三军的　偻椤的　马能行　不在罢了

到来临　马座战　何计安在　终朝每日

以上皮簧。

是你非知　赶门在外　然还罢了　女裙钗

以上梆子腔。

类此者甚多,一时想不起许多来了。

皮簧前用双笛随唱,后来改用胡琴,此层余于前已言之矣。兹尚君和玉又对余言,其童年在九和春科班时,班中有一位老先生,名曰高四,系高阳县人,曾对大家说过,他哥哥高太和唱架子花脸,嘉庆年间很有名。在嘉庆时唱乱弹,系用胡琴随唱,因嘉庆皇帝嫌不好听,命用笛子随唱。后同治皇帝,又爱听戏,说还是胡琴好听，后来又改回胡琴了。按以上这一段话，大盖很可靠。唐君春明也对我说过，在东太后宾天的那一年，抄手胡同裕顺轩演说白清唱，其父唐宝山当场面头，尚与三庆班场面老辈樊三，合吹双笛，随唱皮簧呢。

《藤荫杂记》载，“京师士大夫好尚，亦月异而岁不同，国初最尚昆腔戏，至嘉庆中犹然，后乃盛行弋腔，俗呼高腔，乃昆腔之辞，变其音节耳。内城尤尚之，谓之得胜歌。相传国初出征得胜归来，军士于马上歌之，以代凯歌，故于请清兵等剧，尤喜演之。道光末忽盛行二簧腔，其声比弋则高而急，其辞皆市井鄙俚，无复昆弋之雅。初唱者名《正宫调》，声尚高亢，同治中又变为二六板，则繁音促节矣。光绪初忽竞尚梆子腔，其声至急而繁，有如悲泣，闻者生哀。余初从南方归，闻之大骇，然士夫人人好之，竟难以口舌争。昆弋诸腔已无演者，偶演亦听者寥寥”云云。按：民国以来，鄙人只欢迎皮簧，至昆曲梆子，几无人过问。梆子只能演于天桥之芦棚，以供一班劳工观听。昆曲则只为一班文遣品矣。

人消梨园老辈云：北京学戏，最讲身段，脸神尤为重要；乡下科班学戏，只顾腔调，不管脸上的毛病。如唱戏用力时，张嘴挤眼，或合眼歪头，种种毛病，极为难看云云。此种规则，甚为重要，倘有毛病，则不美观，既不美观，则不但失去美术之价值，且失去美术之原理矣。《元曲选》中,《燕南芝庵论曲》云:“凡唱忌摇头,歪口,合眼,张口,撮唇,撇口,昂头。”又《元曲论》云:“唱忌咂唇,摇头,弹指,顿足。”足见此种地方,自古已甚讲究,惜后人不注意耳。按如坐腔清唱,已经不应有以上种种毛病,但犯之者颇多,因系清唱,尚无多大妨害,登台彩唱,则万不可有矣。

戏剧来源于大鼓书,这是研究戏剧的人所公认的了。在传奇中,尚往往露出这种痕迹来。如《明珠记传奇》中,类此者甚多,比方第三出,外问白“怎见得?”,末白“但见池馆清幽”云云;第四出,第六出,第二十四出等折,均有之。再如《怀香记》第六出,《牡丹亭》第三出,《飞丸记》第四出,等等,亦皆有之,不必尽举也。

从前戏班脚色甚少,真正私家昆曲班不过十余人,后来戏园演剧之班子大加扩充,然亦不过数十人,后台扮戏,仍有许多脚须兼顾。如老旦一脚,用时较少,故兼差尤多。如不要紧之太监,例归老旦扮演,是人人知道的了;而不要紧之报子,亦常由老旦饰之;亦常兼演老生,《取城都》之诸葛亮,从前便归老旦行。如老旦郝蓝由,系王凤卿的外祖,及老生陈少五的父亲等,皆常去演此。以后老旦谢宝云,亦常演《二进宫》之杨侍郎。此虽系特别能力,然亦足见老旦行对于老生行须有研究矣。

从前春台班,有一位孙双玉唱青衣,因为行八,所以叫他孙八，很出名，系现在琴师孙佐臣的父亲。曾排演全本《春秋配》，系王长林去石敬坡。自孙演过后，皮簧班有几十年未演，现又经梅兰芳排出，但系用梆子的本子，添改的很多，并非皮簧班原本。头本《捡柴》一场，二本《庵会》一场，实比从前好的多；其余的场子也稍有不及从前的。

《梅玉配》一戏，系由梅巧玲排出来的，后来屡有人排演，王瑶卿又重排也非常之好。但是无论谁演，小姐一脚总不重要，后梅兰芳与王蕙芳重排于天乐园，兰芳去小姐，于是现时小姐变为主要脚色了。

光绪年间黄月山等曾演过《红拂记》，场子也安的很好，但是与现在程艳秋所演的大不相同。各有好处，可惜当年的脚色，都记不清了。

《打渔杀家》一戏，乃是整本《庆顶珠》的一出。从前唱这出戏，往往带后头的《比武》一场，系萧桂英逃走后，路上没了川资，所以在市场上卖艺糊口。一日遇花逢春，看着不服，就比起武来，经李俊、倪荣等看见劝开，说明二人系夫妇，方才和好成亲。《打渔》场中，李、倪二人问“不知可曾有了人家”等等白口，就为下一出埋根。按带《比武》一场，情节做功，都非常之好，可惜现时都不接演。从前是以老生为重，《比武》一场，老生无事，所以就不接演了。目下以旦脚为重了，似乎还应该接演下来，虽离全本还远，但也似乎多点情趣。

全本《三国演义》，乃乾隆年间，庄恪亲王奉旨所编，名《鼎峙春秋》。原系昆曲，场子剪裁，都非常之好。小生陈金爵等，曾演于圆明园。后经卢胜奎手，改为皮簧，由三庆班排演出来，脚色之齐整，无以复加：刘先主刘贵庆，关公程长庚，张飞钱宝丰，赵云杨月楼，诸葛亮卢胜奎，徐庶曹六，周瑜徐小香，鲁肃程长庚带，黄盖钱宝丰带，庞统何九，曹操黄三，刘璋华雨亭，孔融殷荣海，马良迟玉泉，太史慈褚林奎，孙权陈三福，蒋干徐二格，张辽张长顺，张昭陈小奎，关平罗七十（小宝父），周仓袁秃子，曹仁方洪顺，曹洪袁大奎，许褚黄五（黄三弟），张郃崇福贵，乔国老华雨亭带，蔡瑁张启三，张允林大柱，蔡夫人田宝林，糜夫人陆纬仙（后陈德霖），甘夫人吴巧福。至《舌战群儒》的虞翻、步骘、薛综、陆绩、严畯、程德枢，都由华雨亭、陈小奎、张长顺、殷荣海、吴桂喜等，分着带演；以及曹家八将，都各有专人。你看齐整不齐整？如今还有这么齐整的班子吗？现在是两个好老生不能同搭一班，两个好旦脚不能同搭一班，两个好武生、两个好花脸，也不能同搭一班。以上这个情形，还可以说同行是冤家，甚而至于一个好老生，一个好旦脚，一个好武生，彼此也不能同搭一班，因为场上的戏码，门前牌子，登报字体的大小，都要相争，这怎么还能够同搭一个班子呢？

脚色在台上喝茶，内行话叫饮场，无论哪一出戏，都有一定的地方，于观客不理会的时候，偷饮一口，所以要用袖遮掩，这是恐怕台下知道的意思。如今好脚饮场，壶杯都非常之讲究，甚至有买西洋暖壶，使下人跨在身旁，立于台前，以壮声势的，这还算说的过去。到武行中好脚，正打仗的时候，用兵器架住敌方的兵器，自己可喝茶，还要擦一擦脸还不算，还要作情半天，敌方的将官也要好好的候着，候他作情完了，才能开仗，请问这些情形，合乎道理吗？从前可决没有这个规矩。

戏园中只演旧戏，日久生厌，不易叫座，便要排新戏，排些日子，大家勇气一过，就停止住，又专演旧的，这种的变迁，是自然的。再说观客看戏，也是如此，欢迎几年新戏，忽然又赞成旧的，这种情形也是自然的。又加以从前皇帝提倡，其力量更能左右新旧戏的势力。道光以前，如张德天所排《昭代箫韶》(即《杨家将》)及各出吉祥戏，不必细论。到了道光咸丰年间，因皇帝屡屡传差，各班争排新戏，为的是传差得赏。三庆班排《三国演义》《列国》《乾坤镜》等戏；四喜班排《五彩舆》《梅玉配》《雁门关》《德政坊》等戏；春台班排《混元盒》《绿牡丹》等戏。后因南方打仗，皇帝没有这个兴趣了，所以排新戏的情形也就歇了。及政府战胜洪秀全，国内平定，西太后又大高兴，屡屡传差听戏，于是各班又排新戏，如十三旦等排全本《新安驿》《铁弓缘》等等；福寿班排《龙马缘》《德政坊》《儿女英雄传》《十五贯》（由昆腔改乱弹）等。自庚子后，西后兴致又不佳，排戏之风又归停顿。民国以来，因留学生归国的多了，他们对于旧戏毫无研究，所以乍一看旧戏，都说没头没尾，因此就有许多提倡排新戏的了。及至有人排了新戏，台下看客一新眼光，非常欢迎，所以新戏比旧戏叫座的力量大的多，于是各处又争排新戏。民国以来，新戏日出不穷，现时总算是排戏极盛的时候了。以上乃是一百年来排戏之风盛衰的情形，但是从前排新戏是皇帝提倡的力量，现在是民众提倡的力量，这是不同的地方。

《杨家将》一戏，自《昭代箫韶》之外，先有的《雁门关》。同时张二奎（号子英）由《雁门关》里头摘出一段，另编了一出《探母回令》。《雁门关》中探母的是八郎，此是四郎；《雁门关》中四郎的夫人是碧莲公主，至于铁镜公主乃是韩昌的夫人，此乃将铁镜公主移作四郎的夫人。听人说因当时四喜班《雁门关》叫座，所以张二奎在别班也来排演此戏，又恐人说偷演，于是另起炉灶，编了一出《探母》，故意把铁镜与碧莲弄错，以免别人说闲话等语。旧时传说如此，不知果确否？早年北京各脚，都说是《探母》一戏，因他想着赶紧排出，所以词白太粗，其实穿插场子也算很好。于此可见当年偷排别班一出戏，不但要费许多周折，并且也要大费一番苦心，不似现在今天有人排一出新戏，只要能叫座，明日就能有他人照演。

《施公案》中的戏，原先就有单出的戏若干出，后经史松泉编出全本交福寿班排演。当时戏中脚色，记不十分清楚了，但记得黄天霸仿佛是刘春喜，至迟润卿（福寿班的老板月亭之兄）、李顺亭、陈德霖、陆华云、赵仙舫、范福太、唐玉喜、余玉琴、路三宝等脚，都在里头，但是某脚去某人，现时说不出来了。史松泉为什么排戏呢？因为史曾做过户部银库的经承，因事被参，贿报死亡，后不甘自作黑人，遂编出此戏，因陈德霖时长福寿班，且在太后面前最红，所以交福寿班排出，并商请陈德霖将此戏带往宫内去唱，乘机告知西后，说这是某人所编，或可得恩旨免罪。当时还不敢直说真名姓，盖假名为史重旭，因史系九月九日生日也。后德霖以为此事恐有不妥，又商之南府太监常某，二人都恐怕御史知道喽奏参，有许多的不便，遂作罢论，于是外边也就不常演了。这也足见德霖自爱，不然未尝不可得一大笔钱财，然因此编出一出戏来，也算于戏界有功，可惜现在无人接演了。

张胜奎在春台班时，排过整本《彭公案》。自张去世后，说没人再演。张后搭嵩祝班也未重演。

《儿女英雄传》一戏，原本来自山东，惟只有《能仁寺》《悦来店》两出，后经李毓如、胡鹤年（喜禄子）诸君改过。当最初时，去邓九公的是钱宝丰，后系俞润仙、李连仲；去海马周三的系唐永长。至陆华云、余玉琴的何玉凤等等，乃是人人知道的了。陆华云、余玉琴等出名，得力于此戏不少。

全本《宇宙锋》一戏，共分四本，情节不算坏，可惜编的不好，词句尤坏，其中勉强不好懂的句子很多。现时所唱《装疯》带《金殿》，乃是第三本后半本的一段。全本赵小姐的事情很多，然都是零碎场子，重场只有装疯及逃跑时两场。从前余紫云曾演过全本，刘景然去匡洪（赵小姐的公公），其余的脚色就记不清了。

《三字经》一戏，系演唐朝临淮镇守使温韬，请罗隐做西宾，当堂考试罗隐的才学，罗便为之讲《三字经》，温韬大乐。按：《三字经》，本为宋儒王伯厚所编，以唐人说宋人《三字经》，本算毫无道理，但此不过一出玩笑小戏，也不必深究。听说这出戏，是从前三庆班有一位老生范四宝排出来的，所以他演的非常之好，且是很能叫座。吴连奎学于范四宝，也演的很好，后来就没有人接演。闻近来陈喜星，也能演此戏，可惜没听过，不知怎样。

《请医》一戏，乃是《幽闺记》里的一出。医生姓翁，山东人。小生即蒋世隆，旦脚名王瑞兰。戏词中所说“失去一亲人偶得一佳人”，失去的亲人，即是蒋世隆之胞妹名瑞莲。在从前演此戏，小生旦脚都有话白引子唱功，看完病之后，还有王瑞兰之父兵部王尚书上场，遇其女即拉走等情节（事详《幽闺记》不赘述），现在不但删去，本出前后情节，且是各脚上场，连名也不报，只变成一出完完全全的小花脸的戏了。

《问樵闹府》《打棍出箱》，这几出戏，全本的名《琼林宴》，也是由昆腔改来的。按《出箱》之后，下半本就是《黑驴告状》。昆腔原本，共二十四出，计有：开场、闻诏、卖驴、思女、打围、逼婚、指示、被害、认甥、逢樵、暗杀、遇舅、祝寿、诬陷、放走、勒死、诉祠、告状、现尸、判断、捉拿、明镜、锁拿、勘问。全本虽稍有神话，但结构大致总算不错。在梆子班中还看过全本，至皮簧中就没有看见过了。闻老辈传说，此戏系张二奎由昆腔改成皮簧的，不知然否？

《五花洞》一戏，从前也是吹腔。原来是演赵文科纳潘金莲为妾，大妇郎氏不容，就赏与武大为妻，后即使之远去。中间尚有潘氏与驴夫王某私合一节，共分七场。第一场，五妖上。第二场，赵文科纳妾，大妇知晓，当场赏与武大。第三场众农工贺喜，武大与潘调嘴，赵家赠银，使之远去。第四场驴夫与潘氏先行，武大负行李追赶，驴夫与潘氏先到庙中私合，武大赶到，将驴夫打跑。第五场就是二妖变化搅闹告官，与现在相同。第六场，包公上，亦与现在相同。第七场就是天兵天将降妖。以上七场，大致与现在相去不远，不过现在将前半本删去，将搬场拐妻一出，互前半段加入（按《搬场拐妻》一戏，前半与现在的《五花洞》一样，后半武大遇宋江，才帮他把妻潘氏觅回，并罚驴夫的驴归武大，宋江也帮银两，使武大做小生意，全本情节也不错），并且又将后半稍加修正，然较原本实在是好的多。按此戏是唱花脸的张喜所改。初次演时，张去包公，张系俞润仙之内弟。初次去真假金莲的，是胡喜禄、王长桂二人，也是因胡、王二人扮相一样，所以才起意排此戏。再闻此戏曾经庞某编过一次，中含双包案、双天师等情节，后来有人将双天师、双包案各分为单出。至张喜所改之本子，则只上一包公、一天师矣。

《杀狗劝妻》一戏，乃是全本《善宝庄》的一出。从前还看过全本，自曹庄辞官起，到杀狗止。三十余年以来，大致都是只演《杀狗》一出，也与从前不同。从前曹庄砍柴回家，先见萧氏，佯与定计，买刀杀母。曹庄下，萧氏佯与姑欢，扶姑出门等情节，后曹庄持刀上，便要杀妻，以后就与现在一样了。但是现在改的，确比旧本好的多，且紧凑的多。

乾隆年间，庄恪亲王，曾奉旨谱《忠义璇图》传奇。其词皆出月华游客之手，事见《啸亭续录》。月华游客，未详名姓，传奇系演《水浒记》及宋金交兵，徽钦北狩事。现在皮簧中，由《忠义璇图》中演来的戏很多，比方《艳阳楼》等戏都是。

《青峰岭》一戏，从前三庆班曾排之。耿大力（刀马旦）去徐凤英，张琪林去李虎，王小五去大大王，郿昌林去二大王，演来颇紧凑有趣。三十年来，已无人接演了。

《奇冤报》剧本，有三种：一种系常演的《乌盆记》，其来历是渊源于元曲中《玎玎珰珰盆儿鬼》杂剧。又一种，是演眉州知州常静安审问刘自华被害一案，真正凶犯是吴公秀，乃王小槐、陈魁等因故被冤，经小槐女丽娟，到包公台前告状，才得伸冤。其中包公、常静安，皆有私访等事，全剧分八本。又一种，是兵部侍郎于谦，奉命巡按各省，平反钱丽春被光秀和尚杀死、书生柳袁被诬一案，情节也还不错。按这两种的情节，似乎都比《乌盆记》还好一点，可是现时戏界只演《乌盆记》，没有演这两本的了。这也可以算是剧本有幸有不幸。

《玉堂春》剧本，也有两种：一种是妓女苏三一案，系由昆曲《破镜圆》改编来的，所以从前皮簧的名字，也叫"破镜圆"。这本戏的情节，是人人知道的不必细论。另一种是演宋朝张叔夜的女儿名凤，假养为男儿，与潘兑之子名胜，假养为女儿，二人结婚一案。其中关乎妓女李师师及朱冕等事情，又有时运姐作线索，再加真和气任人爱莫黑等人的玩笑；又有张夫人强氏潘夫人熊氏等各家吵嘴的情节，以及比武打仗等事，剧本虽说不甚好，然穿插也还不错。因张叔夜家存一宝瓶插上鲜花，一年不卸，其名叫"玉堂春"所以剧本也名《玉堂春》。在三十年前，还有人演过，现在也没有人排演了。

关于梁山泊的戏，自元朝以后，种类很多，《录鬼簿》内所载的戏不算外，像臧晋叔《元曲选》里头，有《黑旋风双献功》《燕青博鱼》《李逵负荆》《宋江还牢末》等戏。在《诚斋乐府》里头，有《黑旋风仗义疏财》《豹子和尚自还俗》等戏。在六十种曲里头，有《义侠记》以武松及其妻贾氏为线索，如《打虎》《挑帘》《裁衣》《杀嫂》《快活林》等戏，都出于《义侠记》；《水浒记》以宋江及其妻孟氏为线索，如《乌龙院》《闹江州》等戏，都出自《水浒记》。此外又有传流着的单行本全本《翠屏山传奇》，如《酒楼》《交帐》《戏叔》《杀山》等戏，都出自《翠屏山传奇》；现时常演的就是《交账》（即皮簧梆子中所说《翠屏山》）、《杀山》二戏，《巧云戏叔》一戏前尚看过，如今没有演的了。又有全本《虎囊弹》《如山门》等戏，都出在里头。又有全本《雁翎甲》，如《时迁盗甲》等戏，都出在里头。又有全本《忠义璇图》说已见前。以上都是昆曲，后来有许多改成梆子皮簧了。此外又有全本《燕青打擂》，乃始自梆子腔，后来由梆子腔又翻成吹腔。梆子腔中，还有《过关》《十字坡》等小戏，一时记不清。此后又有全本《庆顶珠》，如《打渔杀家》都出自里头。又有全本《艳阳楼》等戏，那就是《水浒》以后的戏了。

《打连相》一戏，从前在光绪初年最为时尚。其中三个丑脚，四个旦脚，打诨玩笑，也颇有趣味。几十年来，京中就不见这出戏了。闻现在的老脚，能打连相的只还有冯蕙林一人。按打连相，近似现在的打花鼓，不过较花鼓活动的多。

《瞎子逛灯》一戏，从前杂色人等，脚色很多，并有两三个旦脚打诨玩笑，且有切末。现在只有僧、拐二人，大不似从前了，并且近二三十年以来，这出戏完全成了垫戏了，好脚误场，就用此戏来垫，以便耽搁时候。所以从前刘七去瞽者，唱词改成《十杯酒》小曲，为的是借用小曲里头的“一等也不来，二等也不来”等词句的意思，是讥诮误场的好脚，此等用意极好，可惜误场之脚自己不知，还瞎摆架子。

《梦游上海》一戏，在光绪庚子以前，最为时尚，几乎凡堂会都有这出戏，其实毫无足取，其中穿插场子，更不值一论，好在目下这出戏是完全消灭了。

《胭脂判》一戏，即《聊斋》上的《胭脂》，系由刘景然、孙菊仙诸脚，在四喜班排出来的。结构也还不错。《骂杨广》《忠烈节》等戏，也是孙菊仙等所排出。

梨园行老辈，最恭维《五彩舆》的戏本子，因他全本十字句，且是一辙到底。

《胭脂褶》一戏，现时只演《失印》一段，从前毓五等在小丹桂班演过全本的，共为四本，穿插也还过的去。

《宝贵全》一戏，年久无人演了。从前梅肖芬（兰芬之父）曾演过此戏，肖芬去燕儿姑，当年颇能叫座。

《金生色》当时排的很好。最初演时，贾洪林去金生色，田桂凤去其妻，赵仙舫去奸夫，余玉琴去邻居之妇，配搭颇齐整。

《甘露寺》一戏，虽出自昆腔的《鼎峙春秋》，但后来经毓五重排，又好多了。初次演者，孙夫人为孙怡云，刘备为许荫棠，乔国老为贾洪林，乔国老家人为毓五。按：毓五，系宗室，唱小花脸。

《樊江关》一戏，亦由毓五排出。初次演唱，樊梨花为孟全喜（小茹之父），薛金莲为吴艳芳。

《富贵神仙》一戏，在光绪十年前后，最为风行一时，几几乎是每有堂会，必演此戏。主要脚色，为票友陈君子方。按《富贵神仙》，原系昆曲，初名《洞庭缘》，系小元池居士填词，雪梦庵主人定谱，结构也还很好。后经盛伯义、准仲来、寿子年、陈子方诸君，改成皮簧，所有场子词句，也都妥当熨帖。

《恶虎村》《连环套》《八大拿》等戏，穿插关节，都非常之好，闻都是武生沈小庆在春台时所排。如今新武戏不易排到这个样子。沈小庆，即花脸沈三元之父。

《粉妆楼》《十粒金丹》等戏，为胡鹤年（喜禄之子）李毓如诸人所排。惜《粉妆楼》，场子稍乱。

《战郢城》一戏，亦史松泉由旧本子改成，曾由福寿班排出。已许久无人演唱了。现在教育部之《哭秦庭》，即脱胎于此戏。

荀慧生

《扫地挂画》一戏，乃演朱洪武微时，佣于一马姓家，扫地挂画之后，因倦卧睡，真龙出现，适本家姑娘赛花见之，遂以身相许等情节，乃极有趣味之小戏。可惜以后也无人演唱了。

《天河配》一戏，原底出自梆子腔，结构很好。在乡下演的比北京还好。后经贾洪林、王瑶卿，酌改为皮簧，遂风行一时。后又由梅兰芳添改了一次。现在各园所演的，都是梅兰芳所改的一派了。

《双铃记》，从前都是吹腔南锣，后经杨朵仙演唱，才改成皮簧。

刘鸿升自排之戏，也很有几出，如《苏武牧羊》《打斗瑶》等戏，或改昆腔，或翻旧本，然都是多年无人演的戏了。

从前庆王府及文宅，曾排《蜃中楼》《雪中人》。各戏也都是约的外班各脚，闻排的颇不错。后来四喜班又排《乘龙会》，就是《蜃中楼》，改成皮簧，也排的很好，闻系杨君镜秋所编（杨系分发知县）。杨君又为四喜班编《贵寿图》等戏。《贵寿图》系演郭汾阳事，闻去郭子仪的是董文，去李太白的是张胜奎，去相国夫人的即梅慧仙，后本尚有吃醋跪门等情节。兰芳家现尚存有此本子，结构也还不错。梅慧仙焚券一事，即系杨镜秋。

同治年间，春台班排演《混元盒》，大致以武生花脸为重，因为当时班中武生有任七、俞菊笙，花脸有张七、陈三福、庆四、钱宝丰、朱大麻子等等好脚色。后王瑶卿等重排此戏，便有些偏重旦脚了。其中《琵琶缘》一本，亦系瑶卿取材于滦州影戏而插入者，原来并没有这一段情节。

《莲花塘》一戏，乃何耕畲所排，由春和班演出。

《龙门阵》一戏，闻原为二十四本，自漫江渡海起，至淤泥河救驾完。可惜原本尚未看过。《取帅印》即头一本，闻当年去薛仁贵者为徐小香，盖苏文乃钱宝丰，秦琼乃卢胜奎，敬德乃陈青春，宗显乃麻德子，盖夫人乃朱文英，张世贵乃黄三，唐王乃刘贵庆，徐勣乃曹六，程咬金乃韩七，周青乃罗七。后经杨月楼，改为四本。如今也无人演全剧了。

《四进士》一戏，由张胜奎排成皮簧。初次演唱者为张胜奎与谭鑫培等脚。

从前四喜班，排《雁门关》，第五本有太后欲投降宋营，铁镜公主阻拦，未蒙准奏，遂碰死殿前等情节。后三庆班重排，因旦脚不敷分配，遂将此节废去，不上铁镜公主，以后各班排演，也就都不上了。按：铁镜公主，此场叶中兴演来极有精彩。叶中兴，乃叶春善之叔父。

《红鸾禧》一戏，自系照《今古奇观》中之《棒打薄情郎》一段所编，但其事之来源，则完全脱胎于明朝人所编之《鸳鸯棒传奇》。惟剧中人名则大不同矣。如：金玉奴在《鸳鸯棒》中名钱惜惜字媚珠，金松名钱盖，莫稽名薛季衡，许德厚名张咏。而《鸳鸯棒》中，又有佘太君为女招赘薛季衡为婿、焦赞说媒、杨延昭款客等情节，然全本结构，则不及《红鸾禧》紧凑。《南天门》一戏，目下只演玉姐逃走一段。在从前系演全本，名曰《后倭袍》。全剧是魏忠贤庆寿，吏部尚书曹正邦拜寿。魏贿劝曹帮己夺明室天下，曹不允，大骂而去。魏之心腹人司羽献计，魏参曹贪赃奉旨赐死，经陈景玉奏保，始革职还乡。魏又使司羽带人至官庄铺截杀曹正邦，夫妇自尽，玉姐同家人曹福逃走。玉姐公公李能，时为大名镇守使，救去玉姐。魏知李为曹之至亲，欲害李，便时与交趾国四太子野狸狐去信，嘱其进兵帮助，并奏李能按兵不动之罪，使司羽赍旨拿问李能，被李能手下将官张守信看破，将司羽入狱，并野狸狐数其罪。野狸狐云系奉魏忠贤所差，于是李能带同司羽野狸狐等进京奏明皇上，斩魏忠贤以祭曹正邦，其余均有赏罚。中间尚有玉姐与父母生死离别，并劝阻曹奏本等情节，结构颇不错。

全本《淤泥河》一戏，系演唐世子元吉计陷罗成一事。自番演起至显灵止，全本很长。现在小生戏《叫关》《小显》等戏，都出自里头。在从前常演整本，现在不过只演《叫关》或《小显》了。可是自德珺如死后，就没有人唱的好了，姜妙香近来唱的也还不错。

《薛仁贵还家》一戏，自元朝有《薛仁贵荣归故里》杂剧，以后别的剧本，关乎此事的很多。乾嘉年间，昆腔里头有一本戏，名曰《射雁记》，就是现在皮簧梆子中《汾河湾》一戏的来源。但是《射雁记》的词句并不好，不知出自何人之手。其中情节，头一场先上鬼谷子，叙遣道童救丁山的意思。末后还有仁贵之父母，也要上场。这大致还不离元曲的原样。其余别的场子,就与现在的《汾河湾》差不了多少了。大致此戏先由昆曲改成梆子,又由梆子改成皮簧,但是梆子作的词句太不雅。现在皮簧的《汾河湾》不但比梆子雅,且是比昆腔的《射雁记》也好得多了。

《孝感天》,全本共分十几场。第一场,乃公子吕祭足颍考叔等八人上。二场,郑庄公、共叔段等与母拜寿,母后即命庄公封段等事。三场,共叔段夫人卫云环劝阻不听。第四场,庄公君臣议论共叔段封京不妥,庄公佯朝周,并设计除段。第五场,庄公母姜氏致书段,命段夺位。第六场,庄公公子吕等,截得姜氏之信。第七场,共叔段欲起兵,卫氏谏阻不得,卫氏自刎。第八场,共叔段战败自刎。第九场,姜氏迁颖以后,便是现在所演的两场了。按全本结构,总算不错,可惜二三十年以来,没有人演全本了。

《下河南》,即《锣锅子抢亲》一戏,系演《今古奇观》中一段故事,但其来源则完全脱胎于明朝《望湖亭》传奇。惟该传奇中尚有钱子青中状元,并为其表兄颜伯雅即所谓锣锅子者,捐一巡检官职,种种情节,结构颇不错。

《二进宫》一戏,乃是全本《龙凤阁》的一出。从前在乡间看过全本,然已记不十分清楚了。但记的有《阻旨搬兵》《初进宫》《大保国》《探灵》《二进宫》各出的名目。

现在所演之戏，差不多都有蓝本，都有来源，比如《状元谱》，《陈大官上坟》系来源于《老生儿》杂剧。《柳林认子》完全来源于《小尉迟》杂剧。《天雷报》的场子，系用的《合汗衫》杂剧的第三折。《玉簪记》大致来源于《竹坞听琴》杂剧。《乌盆记》审盆一场，元曲中类此者甚多，如《生金阁》杂剧等等皆有之。《宇宙锋》家人赵忠替死，乃完全来源于《八义记》的周坚。如此者尚多，容细书之。

梆子腔中有《送灯》一戏，乃花旦颇有趣味之戏。从前小旋风演之颇佳，后荀慧生演之亦好。自警厅禁止后，无人再演矣。按此戏乃全本《宾铁剑》之一出，全剧系演宋朝武宁侯张为之子继贤赴考，路遇曾青订交。曾青之妹颇贞静秀丽，被秦平师之婿万全看中，欲强娶为妾；曾家不敢抗，乃由曾青假扮其妹前往，及新轿到门，被万妻侦知，将万全锁于一屋，权使万之妹假扮新郎陪宿，此即《送灯》一出。次日适秦桧重病，接女回家，万全欲无理及被曾青杀死，曾青身带家传宝物宾铁剑两口，一以赠万之妹，一以自带，各自逃走。曾归北番，万妹适被张为收留。后曾在北番立功。适对敌者即张为，遂晤谈团聚。张继贤亦立功，与曾小姐结婚焉。全剧情节，颇不错，惜被禁演矣。

孙君怡云对我说：《战宛城》一戏，从前北京没有，在光绪十八九年，由同庆班谭鑫培与田桂凤诸君始行排出，本子则由上海夏月恒得来。初次出台，系在大栅栏路北庆和茶园，韩二刁去典韦，金秀山去曹操，其他脚色就记不清了。开戏之后，忽传巡城御史端健亭（通呼端六爷）要听戏，奈因官座业已卖出，而御史非听不可，百般央告无效，登时封门，观客无法，只得散去，借题是《战宛城》一戏，过于淫荡，有伤风化，不许演唱等语。过了几天，戏班戏园以及谭田等脚，托人讲情的讲情，央告的央告，端君这才准其再行出演，惟《战宛城》系有伤风化之戏，皇皇告示已经贴出，怎么能够再演呢？于是改了一个名字，叫作《盗双戟》，公事才能转圜，面子方可模糊过去。次日又演，端公高座，听了一出，这场风波才算完事，以后演唱只可贴《盗双戟》，不能贴《战宛城》。如今则又都写《战宛城》了。

元明杂剧之结构，四折之前照例有一楔子，但此楔子与传奇之楔子不大相同，故往往在第一折，或第二折之后，亦有时用两个楔子。如：

《铁拐李》杂剧　第一折　第二折　楔子
《岳阳楼》杂剧　第一折　第二折　楔子
《勘头巾》杂剧　第一折　楔子
《黑旋风》杂剧　第一折　楔子
《马陵道》杂剧　第一折　楔子

《救孝子》杂剧　第一折　楔子

《黄粱梦》杂剧　第一折　楔子

《隔江斗智》杂剧　第一折　第二折　第三折　楔子

《误入桃源》杂剧　第一折　第二折　楔子

《抱妆盒》杂剧　楔子　第一折　第二折　楔子　第三折　第四折

《赵氏孤儿》杂剧　楔子　以下共有五折

《罗李郎》杂剧　楔子　第一折　楔子　第二折　第三折　第四折

杂剧之楔子亦有与传奇大致相同者如：

《城南柳》杂剧　《谇范叔》杂剧　《度柳翠》杂剧　《魔合罗》杂剧　《盆儿鬼》杂剧　《竹坞听琴》杂剧　《看钱奴》杂剧等等。

皮簧中拦人说话，恒用“噤声”二字。余初以为应写禁声，后看元明两朝杂剧传奇中，用“噤声”二字时颇多，始知此二字有来源也。

编戏一时有一时之风尚，演戏亦一时有一时之变迁，数百年来，留传之剧本固甚多，而遗失者亦不少，只传其名不见其书者固不少，而连其名亦不传者想尤多。有明一代，及清初梨园中，多演整本剧，故其时有《百种曲》《六十种曲》等书之纂辑，乾隆以后多演单出剧，故又有《缀白裘》《遏云阁》等书之纂辑。《百种曲》《六十种曲》之外，失不传之剧本，不知凡几。《缀白裘》一书，虽似无甚价值，然其中所选各戏，原本之遗不易见者亦颇有几种，则借此存留几出戏，亦不为无功。数十年来，又有《梨园集成》《戏考》等书之纂辑，此类书在现时观之固似无大价值，然有许多戏可借此不致遗失，岂不甚好？即以鄙人数十年来所观之戏，在三十年前常演之戏，如今不见于舞台者约有一二百出，其中有戏界中人连戏名亦不记忆者，亦有数十种。兹将该戏之情节，就脑力所记，随手拉杂，略书之如下（按此种脚本存留者当甚多也）。

《枣阳山》一戏，乃演秦琼奉历城知县命，护送黄大人天堂潞州上任。秦琼因感黄大人送彼黄骠马之恩，于路中极为尽力，行至枣阳山，遇单雄信路劫，被秦琼锏打落马，遂订交。单亦改过，并约秦送黄，到任后往河南渑池县家中相会等情节。按此为生净脚并重之戏。

《虎狼弹》一戏，乃演唐朝苏允近，任太原府总镇，在辕门设虎狼弹及铜锣等事。有人鸣锣喊冤，先打一百虎狼弹，如果不死，然后追究。适有雁门县人金氏王氏，代丈夫赵凯鸣冤一案，后经审问清楚，代为昭雪，并派人送王氏回里等情节。按此戏净脚去苏允近，中军牛简极为重要。三庆开场戏，方洪顺去花脸，陈小奎老生，王桂林去尤素卿旦脚。

《孤鸾阵》一戏，系演韩寿命耶力夫人，摆下孤鸾大阵，杨延昭命次子宗冕，攻打被擒。耶力夫人欲招为女婿，宗冕不允，遂奉太后命，斩以祭旗，且命杨延辉监斩。及斩后，有宗冕未婚妻李栖梅，替夫报仇，单骑将孤鸾阵冲破，番军大败，李栖梅得胜回来，坚欲与宗冕守节，延昭许之等情节。末场拜天地，哭灵牌一段颇重。按此剧李栖梅一脚最重，杨延昭杨延辉次之。

《百花庄》一戏，乃演百花庄居民，白天章、白月娥兄妹二人，因父亲被梁山误杀，立志报仇，立下擂台，延揽天下武士。梁山侦知，派燕青、石秀等五人探庄。燕青见白月娥正练武艺，遂用假名，上前比武，颇极欢洽。后燕青等归报，又由宋江派燕青等前去打擂，李逵亦私往，遂在擂台前擒白氏兄妹，回归梁山等情节。此剧从前昆乱并用。按此剧燕青、白氏兄妹，皆为主要脚色。

《四红图》一戏，系演赵匡胤行刺刘化王。刘之臣火山王杨滚，及崔龙等，奉命巡守城门。崔龙将赵匡胤拿住。适有曹仁面貌与赵一样，由他方贸易归来，亦被杨滚认为赵而误拿。绑至殿上，二人言语一样，不知真假。后命曹仁之弟曹义上殿辨认，亦难判断，遂命曹义将曹、赵二人带回家中，使家人辨认，遂问出真假。但曹仁、曹义二人知赵有大志，暗定计助彼刺死刘化王。适张光远、罗彦威前来接应，遂定燕京等情节。按此剧赵匡胤、曹仁两主脚，极为重要，唱做相同，颇似《五花洞》《双包案》。

《心欢乐》一剧，乃演《聊斋》婴宁故事，但只演婴宁已嫁王子服之后，被鄂邵素调戏，婴宁遣蝎精将鄂毒螫一段情节。按此剧只婴宁与鄂二脚吃重。

《过巴州》一剧，乃演严颜镇守巴州，张飞用真假张飞之计，将严擒获说降等情节。按此剧严张并重。三庆开场戏，陈小奎去严颜，袁秃子去张飞。

《献铜桥》一剧，系张九成中状元，拜见座师秦桧，因无执见礼，被秦桧送与兵营为参谋。其时岳飞正到北兴兵，张九成到营后，又奉钦命往北国与二圣请安，盖欲致张于死地也。同时杨再兴攻头阵败死，又派岳云、严成方等五人大战陆文龙，王佐暗思效忠岳飞，偷营杀死兀术大败，适天现铜桥，番将过桥逃脱等情节。《按八大锤》一剧，即由此剧脱出，不过情节稍有出入耳。按此剧张九成、杨再兴、陆文龙、岳云、王佐，皆为重要脚色，三庆曾排过。

《姜维推碑》一剧，系演姜维欲擒司马懿等，于是出营观察地理，适见路旁一碑，上书不祥之词，姜维将碑推倒，见碑中又一小碑，方知为诸葛亮所留等情节。按此剧纯为姜维一人独唱之剧，且唱词极多。

《扊扅歌》一剧，系演百里奚出门求官，到秦国拜相。其妻杜氏，子孟明，在家寒苦，不能度日，亦逃往秦国。适在街上见一相国经过，貌似其夫而不敢认，遂伪为洗衣妇，投至百里奚家。一日百里奚使侍女歌唱，觉不悦耳，众侍女言有一洗衣老妇，颇有新声，遂命上前歌一曲，唱完彼此相认，一家团聚等情节。按此剧杜氏为极重之脚，唱功极多。

《卧虎关》一剧，系演伍员请得吴兵，带领大将王九龙、王九虎，及契弟柳展雄，三员大将攻打昭关。镇守昭关大将，为米南洼，自知不敌，乃约请伊好友卧虎山大王伍通之子伍辛助战。王九龙、王九虎二人，皆被伍辛打死，又打柳展雄一枪后，伍通始知伍辛系与伍员交战，方告知伍员乃伍辛之父。盖伍员当初逃走，其子伍辛，落于其弟伍通之家，通遂伪为己子，占山为王，教以武艺，今已十八岁矣。至是说明，始同往阵前认父。伍员以其曾打死二将，非问斩不可，柳展雄讲情方赦，乃共同出兵，杀死米南洼，夺了昭关等情节。按此戏有与《白良关》《九龙山》相似处。伍员、伍辛二脚，词极重要，伍通、柳展雄次之。

《夺昭关》一戏，乃接演上出《卧虎关》。伍员夺得昭关后，楚平王惊吓而死，妃子命申包胥为帅，命武成黑之子武霸为先锋，敌挡伍员。及到阵，申初不欲战，武非战不可，后武被伍辛柳展雄杀死，遂大败，伍员到京城下，要妃子打话，妃子羞愧自尽。伍员鞭平王尸至完等情节。按此戏平王妃子吴祥女极重，申包胥伍员等唱功亦极多。以上二戏，为史松泉编，李顺亭去伍子胥。

《双心斗》一戏，系演唐僧带徒弟三人往西天取经，路遇强盗张振彪、尚山狼、夏山虎、祁山豹四人截住，被孙悟空打败，唐僧等脱逃，投张员外庄上寄宿。张员外供应颇厚，岂知员外即张振彪之父。振彪败回家，见僧之马，知僧在庄上，急约伙友来擒，乃此时僧等被员外放走，振彪等追上，悟空不听师言，竟将张振彪等打死。僧以此事对不住员外，逐悟空回山。适方寸山金沙洞，鹿耳麋猴，冒充悟空，将僧之钵牒抢去，沙僧追至方寸山，亦误认为悟空，交打，沙败回。此时僧又被金角大王、银角大王抢去。沙往南海求救于观世音，适悟空亦在，沙方知为鹿耳麋猴所为。悟空往见，与鹿耳麋猴，真假难分，遂大战亦不分胜负，同往拜观世音。观世音云须往见太上老君，老君因悟空曾往丹炉炼过，假者必不敢进。悟空过炉，鹿不能过，遂认罪，同往救僧，将金银二怪打死，才救僧出险等情节。按此戏以二猴为重，金银二怪次之。四喜班排此戏时，杨隆寿去孙悟空，沈易成去鹿耳麋猴。德胜奎排时，陈长兴去孙悟空，朱长宝去麋猴。

《夜会》一戏，系演唐李世民奉命征讨洛阳，母氏窦太后，思念不置，遂于梦中相见等情节。按此戏太后极重，世民次之。

《千秋岭》一戏，乃演唐李世民征王世充时，罗成在王世充帐极勇。徐勣为世民军师，派马三保战罗成而败，又激尉迟敬德出战，亦大败。后徐勣说罗降唐，因争座位，群公又与尉迟争斗，世民劝解，方归和好等情节。按：此戏罗成、尉迟敬德均极重要，徐勣次之。末场组织颇好。三庆袁秃子敬德，冯小山罗成，陈小奎徐勣，开场戏。

《五里牌》一戏，系演五里牌地方九天宫内道士银面瘟神霍柄，本江湖大盗，因两徒被施公拿获正法，遂约金鸡岛大盗雷燕喜、潘明业、谢美成三人帮助捉拿施公报仇。适霍柄因截抢王有义之妇，被王有义告于施公案下。命徐茂私访，行至庙内，被霍柄擒住。黄天霸调动官兵，将霍柄杀死等情节。按此戏黄天霸、霍柄等，自系重脚。小丑王酒保，亦颇重要。

《青峰岭》一戏，系演刘飞虎、江老鼠二人，霸占青峰岭为王，乃有田虎之妻徐凤英来夺。刘江大败，徐遂占有。适有太原府苏知府之旗牌官李虎，奉命解银十万两，交蔡京应用，路过青峰岭，徐凤英下山擒住李虎，并将款留下等情节。按：上戏徐、李二脚，固然重要，刘、江二人系小花脸，亦极滑稽有趣。耿大力徐凤英，张长宝李虎，王小五大大王，郝昌林二大王。

《京遇缘》一戏，演宋朝狄太后之侄狄青，逃难到京，宰相庞元及其婿韩天化，恐被重用于己不利，乃约同上殿奏参狄青。适八贤王与包拯亦同上殿保荐。八贤王先奏，遂授狄为殿前指挥使。韩天化不服，上命二人比武，惟不许互伤。奈韩屡欲伤狄，狄不得已杀死韩，上大怒，命即将狄正法，命庞元监斩，包拯催斩，并传旨如逾午时三刻不斩者，监斩官同罪。包拯时求太后去哭祭，届时不得斩。庞遂得罪。其中又有韩天化归家，与其妻争斗，妻杀儿并自刎一段情节极佳。按此戏最重要之脚，系韩天化妻庞夫人、至狄青、韩天化、八贤王、包拯等，亦颇重。三庆陈德霖庞氏，钱金福韩天化，李成林狄青，老旦孙秀华，八贤王陆杏林。

《竹影摇红》一戏，乃演宋太祖病，御弟光仪，听潘洪之言，进宫行刺，被贺后看破，同往御前告状。太祖听信光仪之言，饬退贺后，命光仪继位等情节。按：此戏太祖唱功极多，贺后与光仪并重。光仪为小生。

《罗家洼》一戏，乃演孙伯权之女桂香，因求婿摆下擂台。张青来打擂，胜却桂香，遂同往庄中提亲等情节。其中煤铺掌柜曹老西，亦来打擂，与丫环插科打诨极趣。按：此戏桂香、张青固系正角，而曹老西亦极重要。

《百花咏》一戏，乃演唐朝刑部尚书黑大寿，路见渔翁卢彦之女水英，欲纳为妾，使家人王元往报未成，强委纹银一百两，言定次日即来招亲。卢彦父女，正无计，适大臣连立过其门，灯笼被风吹灭到其家乞火，遂知此事，次早上朝，乃参黑大寿等情节。按：此戏卢水英、卢彦、黑大寿、连立，皆重要脚色。《百花咏》为整本之戏，此不过一段情节。

《杀驿》一戏，系演王元成家人吴承恩，抱小主人逛灯，将小主人失落，而主母不但不怪吴，且分吴银两，使其私逃，盖恐主人怪罪也。吴出门后，遇一友人朱济，授为罗州驿丞，因嫌官小不欲到任，遂使吴冒朱名到任。后王元成被奸臣所诬，充军路过罗州驿，方宿驿中，又有圣旨，命即在驿中正法。吴乃代其主人一死，王乃逃去等情节。按此剧吴承恩一人最重。

《结草报恩》一戏，系春秋时晋国，一老者祖克鄞，家贫只有一女，名祖姬，又一义子，名文德，意欲将文德赘于家未果。因欠酆舒米一石未偿，酆乃约屠岸贾之家人名李献儿者，帮助前去索债。因见祖女貌美，欲强折帐，纳为妾，致将祖克鄞气死。其女因无钱装敛，遂卖身葬父。遇宰相魏双，乃代葬其父，纳女为妾。后因病恐不起，乃嘱其子，当自己死后，务将祖另嫁。及将终时，又命祖姬殉葬。及死后，其子不听遗命，竟将女配与文德焉。此事《左传》甚详，先是晋国有武士杜回者，因打虎与魏双角力而败，气走遇酆舒李献儿于路间。因口角，将酆李打死，遂往秦国。后秦晋动兵，魏双之子魏夥、魏锜，与杜回交战，杜等已败，经祖克鄞之魂暗助，始成功。盖祖感其嫁女之德也等等情节。按：此剧祖姬、杜回均极重要，魏鄞等次之。

《黑沙洞》一戏，乃演猪婆龙敖洪之侄金角大王，被济小塘战败，正欲报仇，适泗州知州张文忠求雨。济僧小塘，知天旱乃猪婆龙等作祟，遂帮同知州，设法擒妖，与猪婆龙等大战。经济约天兵天将方擒妖等等情节。按此戏济僧固为重脚，而起打之后，金角大王、金鱼大仙、银鱼大仙等，亦皆重要。

《马家湖》一戏，系演蟒化真人，被济颠所害，华青风，使云方，及金眼真人、江天瑞等报仇。适常山县差役周瑞、罗虎等，来拿云方，遂交手，经马元章、郑雄帮助，将云方拿下在牢。又经韩秀、云飞、江天瑞等劫牢，将云方抢回，知为马元章帮同拿住，遂商定往马家湖马元章家报仇。云方因受刑独留寨中，济颠到彼，诳彼出寨，又被周瑞、罗虎拿住，济颠并告知周瑞等，须调官兵，往马家湖擒贼。盖济已先派徒弟五人，往帮马元章矣。是夜，韩秀、云飞、江天瑞等到马家湖，遂起打，后官兵赶到，即将韩、云等拿住，江等逃走等情节。按：此剧济颠为主脚，其余人等，大致相似。

《眼前报》一剧，系演一瞎子在街前算命回来，适奸夫炳大爷与其妻欢饮。瞎子闻得房中有男子声音，疑为奸夫。其妻告以有耗子闹，遂插科打诨。适饭馆伙计来与炳大爷讨账，才与瞎子说明等情节。按：此戏瞎子与其妻最重，炳某次之。

《盟中义》一戏，乃演楚王命裴仲招贤纳士。有西羌人左伯桃者远路应招。途遇文人羊角哀，遂定生死交，并同赴楚国应招。路间大雪绝粮，饥寒交迫，左将衣、粮归羊一人。方得到楚，左乃冻饿而死。羊授官职后，奉命往祭左，并与左建祠。适祠占荆轲庙之风水，左与荆战，因高渐离助荆，遂败左。左与羊托梦，羊乃愤而自尽，助左逐高荆等情节。按：此剧左、羊二人，唱做皆重。

《后劝农》一戏，出自《庶几堂》。系演一县官下乡劝农，遇勤、惰二童，勤、惰二牧童，勤、惰二农夫，孝子，孝妇，屠赌等匪各情节。按：此戏以县官唱功最多。

《风流鉴》一戏，系演唐克昌带领妻女，观看淫戏。其女动心，遂同周文彩私逃，被人捉回，县官审问，始知二人皆为父师教育不好，情有可原等情节。按此戏唐克昌最重。

《活佛图》一戏，乃演孝子杨名甫西天求佛，以"在家敬父母，何必远烧香"之义告之。于是归家孝母。其妻亦至孝，感动上苍，遂派接引佛，接彼等西去成佛等情节。按：此戏老旦、小生、旦，及丑刘福，事情均差不多。

《同胞案》一戏，系演张伯仁听信妻室之言，与弟仲义成讼。有教读先生陈五，因向张伯仁借贷不遂，乃怂恿仲义，亦告其兄，仲义之妻，劝拦不听，遂成词。县官极力劝解，兄弟二人，遂好如初。县旌其门，并治陈五之罪，赏仲义之妻花红等情节。按此戏县官、伯仁妻、伯仁、仲义、陈五，皆算正脚。

《义民记》一戏，系演朝廷军情，需款甚急，大臣都倾家捐助，惟二贪臣，富有家私，独不肯捐。结果二人均被贼打死，将家财抢去。后贼又被义勇之民杀死，又将款夺回捐入公家等情节。按此戏贪臣之家人为最重要脚色，贪臣次之。

《老年福》一戏，乃演一富翁陆南金，为富不仁，因作恶太多，欲朝普陀忏悔，并载得白米五百石，白银五百两，布施于庙中。先是陆家有老女仆王老娘因见富翁糟蹋粮食太多，得暇便在地上拾取弃粮，日久积得三石，是日亦同家主往朝普陀山。及到庙时，方丈只接待王老娘，而不招呼陆南金，并陆之米银亦不收。陆羞怒，弃王老娘而去。王老娘因归途遥远，无法还乡，哭啼不止，忽被灵官护送，先主人半月而还。及陆到家，闻知益怒，遂逐王。王去后，陆家失火。王到家，掘得窖银，遂大富，与儿子、媳妇娱乐终身等情节。按：此戏王老娘最重，春梅婢与陆次之。

《岳侯训子》一戏，系演岳飞与岳云、张宪，乘胜追赶番兵，被秦桧十二假金牌追回，并削去兵柄，调回京师。岳云等云：番贼将灭，若此时撤兵，岂不前功尽弃。欲不撤兵，被岳武穆教训一番，遂奉旨进京。及到京，又被秦桧矫旨拿问，岳云、张宪又欲不奉旨，又被岳武穆教训一次，遂奉旨就绑，秦桧又命人捉拿岳家满门，路间被韩夫人抢回。韩世忠与秦桧理论，不能挽回，遂挂冠而去等情节。按：此戏岳侯一脚为最重，岳云、秦桧、韩世忠等脚次之。

《英雄谱》一戏，系演王海二、陈金、施三，因看水浒戏，起意为盗。第一次劫得周全饷银一百余两颇得意，二次遇武士赵文雄，即将王、陈打死，将施带送县衙领赏。又有施之母妻，祭奠法场等情节。按：此戏知县郁本仁、赵、施，皆要脚色。

《扫螺记》一戏，乃演一善士周乐善，见河岸有网鱼者，遗下螺蛳满地，多被行人践踏，大发恻隐之心，每早持帚，往河边尽将螺蛳扫入河中，并劝张某不可叉鱼。张不听，后失手，自叉死。又劝渔童张学仁，学仁改过，周乃出资，助学仁攻书。后周子中解元，学仁亦中举。中间尚有张老二用死鱼讹诈周乐善等情节。按：此戏以周乐善一脚最重。

《前出刲》一戏，系演黄巾造反，杨念劬因前生造孽，故亦在劫数，因负母弃儿逃难，故感动上帝赦免。其中有老仆带银两同行，被贼冲散，所带之银失而复得。盖由官军杀败自刎之贼首，身上搜得银两，与主人一家团圆等情节。按此戏老仆与杨念劬夫人，均为重脚，贼首次之。

《后出劫》一戏，系演金陵人张文焕，前世与王三麻子有冤，本世当洪、杨之战，三为洪营头领，张应死于王手，张已由梦中得知。后因张救得母子二人，及婆媳二人，遂邀天赦。张对王说明梦中情节，王竟不杀张，张并劝王改过自新。中间尚有乱民抢人被杀等情节。按：此戏张文焕一人最为重要，王三麻子次之。

《义犬记》一戏，乃演苏州阿大，扬州阿二，两人盗狗，将杀而食之，经一商人刘朝奉见之，用银五钱，将狗买放，并送阿大阿二三两银子，劝彼等改过。阿大未改，后竟被狗咬死。当时买放之狗，即随刘回家。一日，刘奉店主命，带银三百两，往江北买花，在船上被船夫灌醉，推落江中，该狗舍命救得主人，经官拿获船夫，将原银追回，船夫正法，并给狗披红等情节。按此戏刘朝奉系主脚，余人均不十分重要。

《回头案》一戏，系演张大年好赌倾家，不得已将女莲姐卖与赵明达家。莲姐至孝，将每日点心钱份八文钱，积存至一两银子，送与其父母。张大年感女之孝，遂改过不赌，以女儿之一两银，做一小本营业。后赌友偷盗犯法，因曾向张借贷不遂，便将张攀为大盗论死。其妻女欲上告无川资。赵老太太赏银十两作为川资，乃得伸冤。其中尚有莲姐乘船宿庙感动神灵等情节。按：此戏莲姐最重，张大年及其妻次之。

《推磨记》一戏，乃演孝女钱秀贞为童养媳妇，被婆婆百般虐待每夜推磨。母亲代女央告婆婆，亦无效。后婆婆病，钱秀贞割肉煎汤，婆婆食之方愈，小姑见之，以情告母，母乃大悔前非，诸事惟媳命是听。县官奉命旌表钱氏之孝。其中有小姑助虐，鬼神呵护等情节。按：此戏婆婆及钱秀贞并重，他人次之。

《酒楼记》一戏，系演狄阿三，欠辛阿一之钱，屡讨不还，卒将狄之衣服脱去，狄怀恨在心。一日，辛与李大淘同饮酒楼，辛调戏李，争斗起来，狄暗将辛打死，县官不察，屈李抵命。后辛、李二人，在阴司控告，狄亦被捉去，罚狄转世为禽兽等情节。按：此戏狄一人最重，酒楼掌柜及辛二人，地保等，次之。

《烧香案》一戏，系演曾英与魏金姐定婚，因乱失散，金姐被人拾去，卖与陆必大为女，陆夫妇甚爱。一日，陆夫人张氏，带女往尼庵烧香，被本地土豪顾先亮看见，欲纳为妾不得，遂贿通县中户房李某，派陆为收粮之首领，致赔累太多，被压变产赎罪。顾使女尼帮张氏卖产，并怂恿张氏金姐在庵中暂住。顾闻到庵，欲强奸金姐，适曾英进京路过此间，因渴燥亦往庵中借茶，遇此事，遂捆顾、尼等送官问罪。正问案时，户房李某家失火，官人往救回，路过一庙，恰值顾先亮妻女与和尚通奸，乃一并捉来，遂各治其罪。陆感曾德，欲送女为妾，因详谈乃知金姐，即曾前订失散之妻，适该府知府即曾之父执，即代为完婚焉。中间尚有女尼徒弟三人，与顾通奸等情节。按：此戏金姐、陆必大、顾先亮、尼静修，皆为重要脚色。张氏、曾生次之。以上至《后劝农》，皆出自《庶几堂今乐》。

程艳秋

《安河镇》一戏，乃四杰村之后，鲍赐安等救狄仁杰事。中有鲍赐安遣普天鹏与狄仁杰上书，狄私自出京，被栾仪万等劫去，欲在庙中杀害，被和尚萧计，当场将栾仪万杀死，经鲍赐安、萧月等，将雷声远、鲁雄杀败，始救出狄仁杰等情节。按：此戏鲍赐安、花展芳、普天鹏、栾仪万、雷声远、萧月、萧计、萧安等，均为重脚。

《降龙诛忠》一戏，乃演武后遣武三思害死国舅王守一之事。中有武氏闻知王皇后在冷宫产下太子，特遣太监杜回前往行刺。奈杜回将太子救送江夏王府，皇后撞死，马周与李敬业在刑部探问，武三思等审问王守一，及褚遂良被贬等情节。按：此戏王守一、皇后、杜回、武三思，均重要，马周、李敬业等次之。

《碧明镜》一戏，即梆子班中《红梅阁》之总本。其中情节，系张定国辞家当军后，其父张楚善、母庞氏，因乱失散。楚善被邱登高收留，庞氏被周鉴收留。周邱为儿女亲家。邱登高因周家穷欲退婚，适邱生日，周鉴来拜寿，当面言讲退婚一事，以致口角，经邱凤娇小姐忍羞相劝，方罢。邱登高家人邱冈，献计留周鉴宿于家，使丫环送茶，邱冈将丫环杀死，即诬告周鉴调戏，丫环不允，杀死丫环，并赂上蔡县，知县遂定案。庞氏不平，往见邱登高论理，邱留庞氏，使张楚善于夜间杀之，张本拟放走庞氏，及见面始知为其妻，遂同往见小姐，小姐与以川资，使二人代周鉴伸冤。次日周贵生（周鉴之子，邱登高之婿）同母亦往邱宅理论，乃家院因邱正睡，即带见小姐，小姐知为婆婆，便当面定计，一同私自逃走，因出门太促，未带川资，使周贵生往见邱宅家院，并以金钗一枝为凭。盖家院乃好人也。奈适遇邱冈又生计害贵生。此即《红梅阁》一场。当亦将贵生送官，治以拐女杀仆之罪。后张楚善夫妇往钦差前控告，乃钦差即其子定国，已由军功封为定国侯，钦命镇守边庭。父子团圆，周案遂亦雪。因邱待张楚善有恩，亦未治罪。其中尚有定国侯献与皇上碧明宝镜等情节，故名碧明镜。按：此戏周鉴、周贵生、邱登高、邱小姐、丫环、邱冈、庞氏、张楚善等，均极重要。

《安五路》一戏，系演曹丕闻刘先主气忿身亡，大乐，司马懿奉请出五路大兵攻蜀，取西川之地。第一路为鲜卑国王轲比起羌兵十万，第二路为孟获兵十万，第三路为约吴兵取蜀城，第四路为孟达起上庸兵十万攻汉口，第五路命曹真带中原兵十万攻打阳平关。诸葛亮闻知此事，即派四路旗牌，分头去传令，北路命赵云在阳平关，暗设人马，不许交锋，候曹真粮尽兵退时，再进杀。西路命驻西平关之马超，立起自己旗号，羌兵必不敢战，容他自退。南路命魏延在南郡用疑兵之法，令蛮兵自退。东路命急调关兴张苞，各带汉中人马三万，四面接应。又自与孟达写一信，乃用李严下款，使孟达佯病，盖李严与孟达生死交也。诸葛亮又以东吴之兵，必不肯攻涪，一定是兵扎三江口，坐观成败，故不必派重兵。各路安置已定,即回家佯病不出。后主因各路来兵,无人主持,乃亲临其家,始述明上项安置,所以不入朝者,恐人知泄露机密也。次日上朝,谋联吴敌魏之计。此戏孔明初上场,即有大段唱功。于各路旗牌派毕后,又有大段唱功。见后主之一场,持钓竿上。及见后主,又皆有大段唱功。最末即为魏延与孟获,及其妻祝融夫人大打。按:此戏自以孔明为最重脚色,魏延、关兴、张苞、孟获、祝融夫人,亦皆重要。

《连环阵》一戏,乃演楚庄王熊羽,与晋国魏奇交战,被魏奇暗伤一箭。公子侧,献计诏养由基助战,将魏奇射死。晋成公发闷,荀林甫献计,约请郑国公子监,陈国公子都,蔡国曹良臣,宋国魏子敬,前来会阵。楚国摆下连环大阵,指挥大众,共战养由基。庄王在城楼观战,后将各国大将均擒住。按此剧庄王唱功颇多,养由基打的最多,自均系重要脚色,然荀林甫一角,事情亦很多,各国大将,仅会阵而已。

《翠凤楼》一戏,系演首相张天佐之子,聘定武三思之女为妻。适武女死,张子非娶武氏之女不可,张天佐无法,故将武女之死,暂不告知其子,乃密与礼部尚书栾守礼谋。栾云,目下朝廷,因外国进来绿牡丹,召天下女子会试,何不在会试女子中,秘选一美丽者,伪称为武氏之女,岂不甚妙?张从之。适鲍赐安、花展芳,带同女儿鲍金花、花碧莲,赴京会试。张使家人张用暗访，访得鲍金花在店中居住，乃请栾守礼为媒，强欲订婚，鲍赐安无法，又因正欲助狄武襄勤王，无有招牌，不能入城，遂伪应赚得招牌；又命花碧莲伪扮丫环，一同进城，将张天佐一家杀死。适官兵太多，不能抵挡，鲍等乃逃出城外。此盖《绿牡丹》中一段事迹也。按：此戏自以鲍赐安、花展芳等为主角，而栾守礼也甚重要。

戏界组织，原来皆称为班，如三庆班、四喜班等。自民国元年，正乐育化会，因与清吟小“班”之班字相混，特通令改为“社”。其实此“班”字来源颇远。据王棠《知新录》引《怀铅录》云，“演戏而以班名，自宋云韶班起考宋教坊外，又有钧容直、云韶班二乐。宋太祖平岭表得刘氏阉官聪慧者八十人，使学于教坊，初赐名箫韶部，后改名云韶班。钧容直，军乐也”云云。“班”字来源，大致始此。现时文字中虽改用“社”字，而口头上则仍尽说“班”字，盖风行已久，不易改变也。

北京戏班，从前也讲包银，各脚包银说定以后，一年不许更改，班主赔赚与脚色无干，这个情形传了多少年，没有更动。到光绪初年，杨月楼由上海回京，搭入三庆班，非常之红，极能叫座，他自己以为拿包银不合算，所以与班主商妥，改为分成，就是每日卖多少钱，他要几成，从此以后，北京包银班的成规，算是给破坏了。上海现时还都是包银班，北京算是没有了。

科班学生名字，排字由来久矣。从前小和春徒弟都排和字，如武老生蔡和如，花脸吴和吉。福寿班排德字。小荣春排荣字春字。

从前三庆班的徒弟，都排金字，如钱金福等等都是。德胜奎班的徒弟，都是排长字，如花脸钱长永，老生陈长兴，武生牛长宝，小丑王长林，武旦德长顺等都是。

从前小荣春科班（即杨小楼学徒之科班），以排新戏做切末出名。当年曾排出一出《陈塘关》，乃演哪吒庙开光故事。其中有开路、扛箱、双石、五虎等会，皆系本科徒弟扮演，颇能叫座，亦足见该班徒弟之肯用功也。彼来各班排演此类戏，遇有过会等事，便外串各会之人上台，则真毫无意味矣。

近来戏班过年祭神，都扣各脚的戏份。在从前只有三月十八日、十一月十三日祭神，扣份名曰"作会"，言其是大家凑钱赛神。可是年底祭神，决不扣份，因为正月初一日，大家都拿喜封，所以年前不能再扣份子（喜封是无论大小脚，每人一吊大个钱，现在又多点了）。

西城口袋底胡同，从前有两个坤班，原先即名女班，也常演堂会。鄙人曾看过几次，也还不错。光绪庚子后就散了，各脚有许多往天津谋生活的，如恩晓峰等，都是口袋底的脚色。于是女脚在上海、天津，就膨涨起来。民国初年，坤班来京，其势也甚汹汹。初来时原本男女合演，后因女脚叫座的力量太大，男脚恐受影响，于是正乐育化会建议，呈请禁止男女合演，警厅批准。当育化会建此议时，原想若男女一分演，则女脚人才配脚等等都不足自立，定必消灭。岂知女脚独立后，虽然脚色不足，也可对付成班，丫环家院该用两个的，他只用一个，龙套该用八个的他只用两个，甚至不用，好在台下的观客，只看一人，其余他都不管，所以女班居然也能站的住。日子长了，又排练出许多配脚，到目下各脚各事，虽然不及男班完备，但也算不离大格。比方曹家八将，居然也能上两个或四个了。在民国四五年，女班极盛的时候，男班除梅兰芳一班可以与之抵抗外，其余男班可以算是都站不住。到民国十二三年以后，女班渐渐的又衰落下来了。

曹顾庵学士，在京师观女伶，赋《高阳台》一阕云："莺舌新调，鸦鬟犹弹，湘裙欲整还拖。懒散心情，朝来悉画双蛾。风约绣帘摇桦烛，对菱花倦眼生波。尽娇憨动人些子，元不争多。魂销一曲清歌，却似曾相识，无可如何。影好难描，空劳石墨三螺。灯前小立，红妆换笑还嗔，唤弟称哥。暗相怜细腰无力，又着蛮靴。"按此当即前口袋胡同之女班，则该女班自乾隆前便有矣。

三庆班，乃乾隆五十八年，八旬万寿，闽浙总督伍拉纳，命浙江盐商带之入都。见伍子舒某所批《随园诗话》。

《亚谷丛书》云，"京师戏馆，惟太平园、四宜园最久，名亦佳。

查家楼、月明楼其次。比年如方壶斋、蓬莱轩、升平轩最著。今考诸园俱废,查家楼仅存木榜,惟方壶斋屡易新名,人尚称方壶斋,城西仅此一馆。春初尚盛,在永光寺西街”云云。如今则有许多人,连方壶斋之名已不知矣。

《宸垣识略》云:“景山内西北隅,有连房百余间,为苏州梨园供奉所居,俗称‘苏州巷’。总门内有庙三楹,礼翼宿。前有亭,为度曲之所。其子弟亦延师受业。出入由景山西门。又南花园,今改名南府,为梨园子弟所居,称南府学生。其出入关防甚严。”按同光后,梨园子弟皆属南府,民国后因南府地界属民国,于是又将南府所有案卷,又移入景山,后该案卷曲本,被太监盗卖者甚多,现存者已无几矣,惜哉!

从前戏园后台,都名曰某班某班,到民国二年冬,经正乐育化会诸名宿聚议,都以为班字近于妓馆之名称,应当更改,于是议决改为社。盖因民国二年新成之班,已有用社字者矣。到民国三年,阴历正月初一日,即阳历一月二十六日,即行一律实行,且有将原来班名一并改换者。兹将当时各班原名,及改后之名称并原在何园内演唱,列表于后,以供研究斯道者之参考焉。

原名(某戏园)	后改之名
玉成班(天乐)	翊文社
同义和班(广兴)	群益社

春庆班	转文社
和庆社(中利)	维文社
双庆和班(同乐)	志翕社
斌庆和(三庆)	文德社
鸿顺社(福寿)	励德社
蓉仙班(春仙)	蓉仙社
永庆和班(西安)	永庆和社
永庆班(吉祥)	永庆社
翕庆社(天和,民国二年十二月成立)	翕庆社
铁文班(景泰,民国二年十二月成立)	铁文社
天顺和班(燕舞台,天桥)	天顺和社
德春和班(歌舞台,天桥)	德春和社
四顺班(吉祥,天桥)	
吉庆和社(升平,天桥)	吉庆和社
喜连和班(振仙,天桥)	喜连和社
贵鸣班(六合茶园,东安市场大棚)	贵鸣社
庆华班(庆华茶园)	庆华社

当时尚有三班未改社字,后来方改者,如:

洪庆班(庆和),正乐班(民乐),富连成(广德)。

武戏中不但枪有枪花,刀有刀花,且是枪有枪的拿法,刀有刀的拿法，所谓枪有枪把刀有刀把，也是不容一毫紊乱，但近来用大枪的戏，往往要刀花。据程君继先云：此系来源于谭鑫培之《挑滑车》，彼先要一个提枪花，后归大刀回花，一个鹞子翻身，手拿枪之中间，脸朝里亮一斜相。现时则一起手，便直然要刀花，去规矩尤其远了！

《天咫偶闻》又载："京城内城，旧亦有戏园，嘉庆初以言官之请，奉旨停止，今无知者矣。以余所及见，如隆福寺之景泰园，四牌楼之泰华轩，皆是。东安门外，金鱼胡同，北城府学胡同，皆有戏园。余髫年时，如泰华轩、景泰轩、地安门之乐春芳，皆有杂爨。京师俗称杂耍。其剧多鱼龙曼衍，吐火吞刀，平话及嘌唱之类，内城士夫，皆喜观览。其优人亦间通文墨，吐属近雅，有宋明遗风，今已成广陵散矣。"诸园已废。

乾隆中，有一位唱老生的，名米喜子，演关公的戏极出名。一日都老爷（御史）团拜，约米喜子演《战长沙》，出场时用袖子遮脸，走到台前，乍一撒袖，全堂观客，为之起立，都说是仿佛真关公显圣一样，所以不觉离座。大致因为他戴的是软夫子盔，染红脸，所以非常之像。自此始，便不许演关公的戏。后来三庆班，排全本《三国演义》，才又有关公的戏，然在宫里头演关公的戏，每逢关公一上场，皇上与西太后均要离座，佯为散行几步，方再坐下。听说如戏中有观音上场，西太后亦离座。像原先《走麦城》等戏，绝不许演，后来由上海起头，又都演起来了。从前程长庚演戏，专学米喜子。

乾隆时有一位唱小生的，名潘云，善演周瑜的戏，因此外号叫活周瑜。听说身段、唱功、说白都非常之好，大名鼎鼎的徐小香，乃专学此人。

从前无论哪一出戏中，各脚都有各脚的长处，无所谓正脚配脚。咸丰年间，双奎班中，有一位唱花脸的名叫张奎官，演《落马湖》水擒李佩，在水中身段左扑右涌，如同真在水中一样，非常之佳，看客都说在台下看着，仿佛真有许多水浪头在李佩身边绕转。这足见只要用心，无论何戏，都能唱好，如今哪能还有此等脚色？因为台下，专看黄天霸，谁还说李佩呢？奎官又叫傻奎，因与老生张二奎共同成班，所以名双奎班。后来小穆金秀山等，都是学张奎官的。

从前四喜班排演《雁门关》，梅巧玲去太后，所以专看太后。最好是五、六、八，三本。当八本迎接宋军入城的那一场，巧玲在台口一坐，台下便给哄堂的好，后用仙鸡腿水烟袋吸烟，宫女跪着点烟，巧玲吸烟吹烟，亦能得好，观客都说与真太后无异。足见无论何戏何人，只要用心去做，必受台下欢迎。近来演此戏，大致总是陈德霖去太后，亦极受台下欢迎。但自王瑶卿、梅兰芳重排此戏之后，台下便注重青莲、碧莲两公主了。据德霖云：目下演《雁门关》，各脚都比原先四喜班好的多，惟独太后不及从前。并云：不但自己不及巧玲，连前此别人去太后也差的多。但是鄙人并未亲眼目睹，或系德霖自谦之词。

从前有一位唱花旦的，名叫方松林，身段非常之袅娜，极能排戏，像《花田错》等戏，都是他排出来的。后来皮簧班演的人绝少。近来又从梆子班中翻回来，闻已有许多地方不及松林所演的了，然也有许多比从前好的地方。松林曾与刘赶三同隶永胜和班，约在同治年间。

黄三字润甫，有活曹操之目。嗓音清脆异常。《李逵负荆》一戏最出名。光绪年间堂会总有黄三此戏，所以那个时代，满街上唱的都是“真宋江假宋江”。后黄三年迈，嗓音塌中，就以嗓哑对付着唱，然因他会唱，也颇有趣味。目下唱花脸的，没听见过他好嗓子的时候，于是都学他这个哑嗓，台下非常欢迎，真是可笑。

光绪年间，有一位唱小花脸的，名刘七。皮簧梆子，唱功各极其妙。能戏极多，常以《丑表功》《拾金》《百莲寺》《小磨房》《逛灯》《打灶》等戏演大轴子。又常与侯俊山同班。《小放牛》一戏，最初排演，乃是俊山、刘七二人。后刘七去世，俊山才教与王长林。按：《小放牛》，乃是山陕一带乡间小孩，在野地所演的玩意儿，并未上过台，俊山到京，才排出来的。

从前名脚，各人有各人的拿手戏，彼此不肯轻易侵犯。比如光绪年间几个名脚：孙菊仙的《朱砂痣》，汪桂芬的《昭关》，谭鑫培的《卖马》等等皆是。然《御碑亭》一戏，可是各人有各人的长处。近来的情形，可不像从前了，倘有一戏经某脚唱红，第二天就有人演唱。

从前脚色在台上，或是哑喽嗓子，或是唱走喽板台下叫倒好，惟独龚云甫的哑嗓，麻穆子的走板，观客原谅。所以谭鑫培常说：龚云甫奉官哑嗓，麻穆子奉官走板。

从前春台班，有一小花脸，名化虎。在当年虽然不能比杨鸣玉、刘赶三等，但也很出名。如演《打沙锅》等戏，极能叫座。后来罗百岁，便是专学此人，乃成一代的名丑。大致化虎时代，有杨鸣玉、刘赶三、黄三雄等在前，所以化虎不能享大名，到了罗百岁的时候，各位好丑已死，前头没人，所以便成大名，这是际遇的不同。但是罗百岁的本事，也确是很好。

从前丑婆子戏，并不时兴，经刘赶三才唱红。比方《送亲演礼》《变羊记》《探亲》等等，所有丑婆戏，赶三无一不好。丑婆之外，尤以全本《荣花记》出名。赶三唱探亲，永远骑真驴上台，此戏一出，无不满座。

春台班花旦王长桂，小花脸黄三雄，永远合演，功力悉敌。二人演《送盒子》，最出名。刘赶三与方松林，也是一对永远合演的，差不多是无一出不好。方松林，即王勤侬岳父的岳父，唱花旦极有名，在嵩祝成班时，极能叫座。五十余岁，就留下胡子不唱了，后因观客论调都很想看，所以永胜奎班老板，又用重资相约，松林情不可却，乃去须又搭永胜奎，与刘赶三合演，台下异常欢迎。后渐老，台上一笑，粉亦随落，然人缘仍很好。到了六十几岁，方才歇工。二百年来，唱花旦的，到六十余岁还受欢迎的，就是松林一人。田桂凤乃是专学松林，一生也极能叫座，且当谭鑫培极盛时代，桂凤能在谭后演大轴，台下观客，一人不走，此等力量，也真不小，真可以算是得了他师傅的真传受了。且桂凤现亦六十余岁，偶尔演戏，仍受欢迎，这也不愧为松林的高徒。百年以来，唱花脸最出名的，首推张奎官，小名傻奎。当年花脸的戏，无论哪一出，都可叫座，且是无论哪一出，都能唱大轴子。后来穆凤山，外号小穆，学傻奎虽不及他先生，但也极能叫座，演八本《铡判官》也常演大轴子。足见脚色享名叫座，不在哪一行，只要能用心揣摩练习，下苦功夫，自能得观客的欢迎。

十年前梆子班，唱老生的有小元红，名郭宝臣。后来出了一个元元红，大家就管元元红叫小元红，管小元红叫老元红。其实从前另有一位老元红，所以大家管郭宝臣叫小元红。与老元红同时的又有一位老生，名洒金红，与程长庚也同时，且彼此极要好。当时程长庚与洒金红，彼此商量交换的戏剧很有几出，就是洒金红将梆子班的本子,交与程长庚改皮簧,程长庚将皮簧班的本子,送洒金红改梆子。比方《牧羊卷》《五雷阵》等戏,是由梆子改成皮簧的;《空城计》《探母》等戏,是由皮簧改成梆子的。以此办法,彼此均极有益。闻当年洒金红,与唱武生的企金子,合演《连营寨》,非常之好,程长庚常去看戏。二十年前,梆子本非常发达,从前如老生麻子红、达子红,旦脚自来红、水上飘,小花脸秃丑,小生赛吕布,均极有名。自来红的《回荆州》,尤其能叫座。后来就是郭宝臣、薛固久(外号十二红)、十三旦(即侯俊山)、天明亮、小茶壶、香九霄(即田际云)、胖小生等等。以后又有十三红、崔灵芝、李灵芝、丁灵芝、马全禄等等。当年三灵芝之中,以丁叫座的力量最大,以崔叫座力量最小,因崔无武功,但崔嗓子好听,所以崔现时还能受一班人的欢迎。李名灵仙,丁名剑云,崔名松林。庚子前,梆子的势力极大,各戏园的班子,或只演梆子,或兼演皮簧,若只唱皮簧的,只有四喜一班。不过二十多年,梆子零落已尽,只有天桥戏棚内还有一两班而已,时势的变迁,真可算快了。

同治光绪年间,武生大致分三派:一黄月山,一俞润仙,一李春来。黄月山搭玉成班,以扎靠的老头戏见长,比方《剑峰山》去胜英,《独木关》去薛仁贵,等等,都是他的拿手戏。俞润仙搭春台班,以扎靠把的花脸戏见长,比方《晋阳宫》的李玄霸,《铁龙山》的姜维,《艳阳楼》的高登等戏,是他的拿手戏。李春来先在小福胜班,后搭源盛和,以短打武生戏见长,比方《拿花蝴蝶》《四杰村》《溪皇庄》等戏的走边,身架之英挺,步法之干净,万非他人可比。俞润仙因成过班,徒弟多的关系,所以现时学他的还很多。可是上海、天津,学李春来的也还不少,只看黄月山一派,李吉瑞之外,只有马德成。但是现在的马德成,也非纯粹黄派了。从前黄月山的唱功,非常的悠扬好听,现时马德成的嗓子,非常响亮刚硬,所以唱功绝不像黄月山了。

百年以来,唱丑脚的,第一要数杨鸣玉,外号杨三。甲午议和后,京中有对联道是"杨三已死无苏丑;李二先生是汉奸",即指此人。杨于昆曲中丑脚的戏,无一出不会,无一出不精,且是各戏的身段各戏的做功,绝不雷同。如《活捉》《下山》《问探》等戏皆其所长,人人知之。至《教歌》一出,曹春山去大讨饭的,杨鸣玉去小讨饭的,其种种身段真出人意想之外。《盗甲》一出,去时迁尤其好。可惜其人太吝,不愿传人。当年王长林拜他为师,意在要学《盗甲》《问探》等戏,他始终未肯尽心传授,闻只《盗甲》桌上一种身段,长林半年未学会,后遂作罢,于是乎杨鸣玉之好身段至今遂失传了!可惜可惜!杨本只会昆腔,不会皮簧,后皮簧兴时,昆腔败落,杨遂无班可搭,然因为他的戏好,名气也大,所以皮簧班也常约他帮助,这足见他的力量了。

《风筝误》的丑小姐从前第一要数杨鸣玉，后来孙秀华（梅兰芳月琴师孙七的父亲）也很好，再后就是溥虎儿，神气身段，也都不错。自溥虎儿之后，到现在就是李寿山了。侗厚斋将军演此亦绝佳。

陈德霖，享名始自光绪初年。在文昌馆演戏，一日演两出，倒第二与杨鸣玉演《活捉》大轴子，与王九龄演《武家坡》，有此两位老脚一捧，台下大起哄，由此德霖的名气就大起来了。

程长庚演戏之好，大家是知道的。一天在宫内演戏，咸丰皇帝，观之大乐，说：程长庚于戏曲有功，应赏他六品顶戴。栏六传旨与长庚。长庚说：戏界人员，例不许仕进，怎么能有顶戴呢？栏六说：圣旨已下，怎能撤回。遂带长庚，到皇帝前谢恩，皇帝大悦。梨园行人有顶戴者，只长庚一人。光绪年间，刘赶三、时小福，二人也有六品顶戴，但系内务府私自所给，不能通天，与长庚之特受恩旨，不可同日语也。

昆乱老生，古无可考，乾嘉年间，最出名的是米喜子，以后就是程长庚、余三胜、张二奎。程实学米喜子。后就是卢胜奎学三胜，李四把学长庚，灯笼程（灯笼铺出身，姓程，当年就是以灯笼程三字出名，惜忘其名）也学长庚。杨月楼、张子久、铜锣子（忘其名）、周春奎，都学张二奎。谭鑫培学三胜。汪桂芬学长庚。

孙菊仙乃是外来之脚，与京脚没统系，虽私淑长庚，然并无何等关系。当孙初进京，在同治年间，与花脸徐宝成，合成嵩祝成班，亦颇有名，后乃名大噪。最后与龙长胜、朱素云、杨朵仙、小朵、孙怡云、喜云等等，成四喜则在庚子前一二年了。

从前刀马旦，最出名的是四喜班的龚翠兰，以后就是一阵风搭永胜奎，朱文英（桂芳父）搭三庆，又有双意（忘搭何班），田元、孙芷芳二人，都搭四喜。现在阎岚秋（九阵风）、朱桂芳、柳莲湘、方连元，也都很好。又靳香林，虽不出名，功夫亦绝佳。

戏界由票友出身而出名的人很多，以往各脚，略记如下：

张二奎，号子英，系前清工部都水司经丞，腔调独创一格。

张子久，系张二奎的车夫，学张二奎也极出名。

灯笼程，学长庚，系做牛角灯出身。

卢胜奎，系一跟人。

庆四，唱花脸。穆凤山，唱花脸，学傻奎。金秀山，学何桂山。郎德山学金秀山。

汪笑侬的老生，也算独创一格。

常子和，唱青衣。郭秀华唱青衣，在永盛奎班。

梅竹轩，及全子二人，都唱老旦。

望儿，系饭馆跑堂的出身，唱花旦极红。

许荫棠，系粮店掌柜。张雨庭，系眼镜店掌柜。德珺如，系黄带子。

程三，唱老生。王仙舟，学王九龄。

黄润甫，唱花脸，系内务府旗人。

王雨田，唱老生。冰王三，唱老生，隶四喜班。

麻穆子，唱花脸，卖酒出身。赵仙舫，系医生。刘鸿升，卖刀剪出身。

至于现在的龚云甫、陈子芳、德建堂、傅小山、郭仲衡、王又荃、金仲仁、朱琴心、王又宸诸君，乃是人人知道的了。

汪年宝系大头之父，唱武生，极有名。当年《打虎》《夜奔》等戏，身段姿势异常之好，极能叫座。

任七唱武生，与张二奎同班，名几与张二奎一样。一日贴出《恶虎村》，任七因戏份关系告假，张二奎无法，立意自己演唱，于是乎请曹二官代为说戏。及至登台，大受台下欢迎，任七也去看戏，及演完，任七到后台，对张二奎说：我捡了一只马镫送你。盖黄天霸一出场叹气时，因在马上，应用两手相击，不应跺脚，而张在此处乃跺脚一次，故任七以此相戏，但现时不讲究这个的多的很了。

何桂山、谭鑫培、刘景然三人，都是乡下科班出身，后来都得大名，足见到处都可出人才，只要自己用心用功，便可成一人物。

春台班，小花脸杉篙王，因其身材太高，故得此名。演《五花洞》去知县，自己定制一身红官衣，出场走矮子，非常美观。尤妙者，俟大法官击掌心雷，妖魔逃去后，知县即起立，台下永远哄堂大笑，且必得全场彩声。盖其所着之官衣，身长不过至其肚脐之上也。足见无论何事，只要用心用功都能得好。

三李（唢呐腔最出名）、李顺亭、钱宝丰、何桂山、谭鑫培，幼时都在东陵马兰镇一带演剧，同治年间，才一同进京。

近来自王瑶卿、梅兰芳，于青衣外兼演闺门旦（从前青衣都兼演闺门旦），又兼演几出花旦戏，台下说闲话者最多，此最不通。从前如时小福、陈德霖等等，哪一位不兼演花哨一点的戏呢？如《樊江关》《雁门关》等等皆是，但都不能算青衣兼花旦。数十年来，青衣兼花旦者，只有孙彩珠一人，号芷元，当时亦颇能叫座。按孙彩珠，因天桥赛跑车马，与旗人某公爵闹事被参，某公爵革去爵位，又挑去黄带子，而彩珠亦被充军，惟不久便回京了。

郑秀兰亦当年有名青衣，与梅慧仙同时，同隶四喜班，一为花旦，一为青衣，本领亦相等。惟郑演不过几年，因收了几位徒弟，就不出台了。其头一拨徒弟，系姜丽云（即妙香之父）、蒋双凤等；二拨徒弟，即陆华云等。台上走矮子甚难，以高身材之人，走矮子尤难。徒弟朱霞芬，乃梅兰芳之师，演《女儿国》《女弹词》等戏极好，后来就无人演唱了。

《御果园》，当年为何桂山最得意之作，有时在程长庚之后，演大轴子，也不走一人。其唱“数九寒天风不冷，连人带马汗淋身，某家将马来整顿”等句时，不但腔调好听，其所做身段，尤为美观。后来演者偷懒，就毫无身段了。

从前有钱阿四者，即王凤卿之祖岳，吹号筒甚好，能用号筒吹《将军令》各牌子。按：号筒，本为戏中发兵发点所用，与西洋中之喇叭相同，无孔无眼，所有工尺，全凭口力吹出。当年吹喇叭方法，尚未传入中国，而钱竟能如此，可谓独有心得，亦可想见其功夫之大，惜现已失传矣。

从前净脚勾脸，亦各有所长，如何桂山，长于勾整脸，如包拯、尉迟敬德、徐延昭等等。钱宝丰，长于勾三块瓦脸，如张飞、李逵等等。徐宝成（嵩祝成班）长于勾花脸，如李七、窦尔敦等等。黄三、庆四，皆学徐宝成。

从前春台班中，有一花脸姓郝，身体颇长，人称郝大个，遂误称好大个。四喜班，有一花脸，亦因身长，外号丈七八，故当时人皆云：春台有好大个，四喜有丈七八。当时观客，便皆以为笑谈，但均只知此二人外号，无知其真姓名者。今则连此外号亦无人知者，曾几何时，亦令人有今昔之感矣！

《伍子胥报仇》一戏，前半本名《卧虎关》，后半本名《夺昭关》至鞭尸完，与从前三庆班，所演全本《列国》不同。按：此戏曾经福寿班排演，去伍子胥者为李顺亭，去伍辛者（子胥之子）为陆华云，当时配搭颇齐整。福寿班演过后，便无他班接演。

田桂凤，于光绪庚子前最有名，亦颇能叫座，与谭鑫培同班，戏码总在倒第二，然恒误场。一日又迟到，鑫培已扮妥，桂凤方至，鑫培对桂凤曰："是您先唱是我先唱？"桂凤答曰："随便。"当时该班，无人敢在谭后演者，鑫培此问，盖有意窘之，且希望桂凤对其说几句好话，便自己卸装，让桂凤先唱，不意桂凤有此回答，自己颇窘，不得已自己先演。俟谭演完，座客无一走者，桂凤大得意，鑫培则大不高兴。由此以后，每桂凤迟到，则鑫培必先演而乃特别慢演（所谓马后），至桂凤上台，则天已黑暗，台下对于桂凤之面貌神情，身段做功毫无所见（当时台上不准燃灯），而桂凤唱功并不好，全靠面貌做功见长，因此彼之长处，台下一些也看不出来。日久把台下人缘一齐丢去，叫座之能力大减，不到二年便无人敢约矣。自此桂凤遂歇。盖世界无论何事，未有懒惰而能成功者，后之脚色当以此为戒。

从前程长庚成三庆班，因唱的日期太长，不能叫座，于是约徐小香搭入，彼此接洽已经妥当，徐小香要求头一天总得唱《借赵云》，意思是刘备自己不能支持，才借赵云来帮忙，言外程长庚不能自立，才求助于小香。可是程长庚说包银可以多一点，头一天总得唱《九龙山》，意思是岳武穆收杨载兴，言外是老生收抚小生，真是各人要拿各人的身分。这些事情，虽然没有多大道理，可也颇有趣味，现在班中恐怕能有这种思想的不多了。

前者廊房头条东口路南，诚一斋所挂之十三绝图，人尽知之。按：该图为贺世魁所绘，十三人为霍六、玉三秃、开泰、才官、沙四、赵五虎、张恒、大头卢、老李、老公陈、丑子、王顺、连喜，皆名擅场者。（见《都门汇纂》）

老生崇天云，曾搭三庆班，腔调悠扬，而表情亦细腻，恒以《南天门》演大轴子。谭鑫培之《南天门》学崇之处甚多。

谭鑫培以绝顶的聪明，而又最能吸收他人的长处，比方《昭关》，完全学程长庚，二六学卢胜奎，快板学冯瑞（以小名冯柱享名，搭过春台，后入嵩祝成），飘洒学孙小六（上海的角），反二簧几个高腔完全学王九龄，甩须甩发要翎子学达子红（梆子腔名脚，姓梁，搭瑞盛和班），等等。聚许多人之长处，而加以锤炼，方得自成一家，若徒学一人，虽能神似，且落第二着矣。

褚连奎为从前三庆班有名之花脸，常以《白蟒台》演大轴子。《鱼肠剑·刺僚》，花脸之一大段唱功乃褚所创。金秀山学之，传到现在，尚未失传，此最为可喜之事。

谭鑫培，有许多贫腔，都是学冯柱。前此已经说过，盖冯柱唱词极多,腔亦极多。从前戏界中有一句话,旦脚怕同冯柱唱《芦花河》,拉住旦脚不放手。盖其二六一段,词句太多,老唱不完也。由此可知,凡事总以适可而止为最妥。

从前俞菊笙,以《四平山》《惜惺惺》等戏驰名,但须有赵锦荣配演。《四平山》则以赵扮裴元庆,《惜惺惺》则以赵扮赵寿。二人扮相把子,功力悉敌,故演出来异常圆满。赵锦荣死后,俞永未再演此戏,因他脚配不上,也是可知配脚亦非常重要。即如十余年前,陈德霖屡与谢宝云演《讨庙》,谢氏一死,陈氏有几年不演此戏,后方与龚云甫合演。

名伶合影

当年徐小香,在内务府堂郎中某君家办堂会中,演《八大锤》,末了用右手之枪,将八锤架住后,即撤身做缓力之势,缓了两次,即将八锤推去。俟演完后,某君即对小香曰:此种身段尚嫌稍懈。小香问以应如何做法。某君曰:左手尚有一枪,当一次撤身之后,便应目看左手之枪,将左手之枪一撷,随即将左枪高举,帮同右手之枪,用力将八锤推出,如此做法,精神姿式,方饱满美观,否则闲着左手之枪不用,不但于理不合,且亦不美观也。小香乃大拜服。按:现在好脚的情形,则大不然了,用枪架住八锤之后,陆文龙乃擦把脸,嗽一嗽口,此真不成戏矣!当年谭鑫培,对于此等地方亦深恶之,足见前辈之有规则也。

杨鸣玉演《活捉》,当阎婆惜唱"我泪沾襟"一段时,例有三个浪头,打头一个的时候,杨鸣玉两个黑眼珠往上翻一次;打第二个时又多往上翻一次;打第三个则两黑眼珠完全翻上去,只剩白眼珠矣。下场时,为铁板桥的倒法,亦不似他人之铺垫子;往下抬的时候,只用两人,一抬足,一抬头,而身体则挺而直。末场阎婆惜用手巾将张三提着上来,而杨用下颏挂于旦脚之手绢之上,自己则走矮子,在台下看着,真仿佛是由阎婆惜提上来的一样;提到台口,似转三个圈,且转的极快。按杨本系高身量,于走矮子时,带转三个圈,难为极矣!以上种种情形,既深合剧情,又饶美术思想,但此非数年苦功不可。如今则无人下此苦心,是可知戏界技术,日形退化也。

出名的脚色一辈一辈的传下来,过去的老辈,有许多现在的人都不知道了。据老辈传说,青衣一门,说的出来的约有下列各脚:胡喜禄,隶春台。陈宝云,隶春台,比胡喜禄稍后一点。王长寿,隶春台,学陈宝云。孙八,名双玉,琴师孙佐臣之父,隶春台。鲁大鼻子,隶四喜。蒋兰香,隶四喜。时小福、余紫云,同时隶四喜。陆小芬、陆春兰,同时先隶春台,后隶三庆,且同学胡喜禄。张紫仙学时小福。常子和,票友出身,隶永盛和。郑二奎,王勤侬的姑丈。以下现在者:吴顺林、陈德霖、孙怡云、吴彩霞、王瑶卿、王勤侬、梅兰芳、尚小云、程艳秋。

北京皮簧班脚色,从前都是真名姓,没有用外号的。自咸丰年间,才有一阵风、一汪水等名目。后来梆子班盛行,用外号的便多了。一阵风,名小黑,隶永胜奎,唱刀马旦因为他身段灵活轻快,所以叫一阵风。现在有九阵风,命意就不好懂了。不但此,比方梆子班中十三红,因为他十三岁就唱红了,所以叫十三红;又比方十三旦,也因为十三岁就出名了,所以叫十三旦:这总算都有点意思。现在又有一千红、八千日,真不知他是什么意思?至于水鲜花、灵芝草、白牡丹等等,一看便知是唱旦脚的;一声雷等等,一看就是唱花脸的,也都算有点意思。可是到民国后,正乐育化会禁止用外号,所以现时已经少的多了。

戏中无论哪一出戏，哪一个脚，上场都有准步数、准尺寸、准地方，外行人看着仿佛随便乱走乱转，其实几几乎是不许多走一步，或少迈一步，能此者方算好脚；此系戏中最重要的规矩，也可以说是最美的规矩。咸丰年间，昆弋班有一位最出名的生脚，名叫孝三丁，系齐化门大街关帝庙票房出身。到光绪初年，已七八十余岁，双目失明，尚搭安庆班，时常出台。每逢上场时，有人将他领至台帘里边，锣鼓一到，即自上场，连唱带做犹复精神饱满，一丝不乱。演完下场时，走近台帘，便有人将他扶下。这种情形，若无真功夫则非出错不可，但由此足可证台上处处都有一定尺寸也。数年前方去世之沈庄，系丑行，后来亦双目失明，然无论与何人配戏，也没出过错。按：沈庄，本非名脚，而亦能如此，是彼时老规矩尚未失传之故，到现在虽好脚亦有时无一定之规则，倘不幸也双目失明，恐怕在台上一步也不能行走了。

大栅栏，大观楼地基，从前为大亨轩，亦常演戏。旦脚曹福寿(先唱老生，后改旦脚)常演于此，极能叫座。按：地棍马子衡，在大亨轩打死人成讼一案，乃极出名之案，即系捧曹福寿之故。从前圆明园里头有一大戏楼，名同乐园，宫中也有一处名同乐园，所以京中各戏馆子，都名某某园，如庆乐园、三庆园等等，惟独门框胡同里头的同乐，名同乐轩，因为他与大内同名，所以不许叫同乐园。

从前北京的戏馆子，只卖茶钱，不卖戏价，就如同现在茶馆带说书一个情形，所以叫做茶园，不叫戏园。在光绪初年，门框胡同同乐、鲜鱼口天乐（今改华乐）还只演杂耍，不演正戏，后来也就都成戏馆子了。

从前戏园子，除前门外各园子外，朝阳门外有芳草园。德胜门外有德胜园，光绪十六年大雨倾倒。阜城门外有阜城园。生意均极发达，尤以芳草园为最热闹。后来慢慢的都消灭了。

隆福寺街，现有景泰戏园，是人人都知的，但从前四牌楼南，还有泰华戏园，光绪庚子后，才消灭了。

从前各戏园中，靠近上下场门，楼上两间，名曰官座，平常不许售卖。余最初只闻人云：系预备御史衙门观剧者。后闻一老辈云：此四间各有专差，一间为御史衙门，一间为城上（管地面较高之衙门），一间为本地面之坊官（坊小于城），此系查察演戏，有无违禁各节而设者。其他一间，系为南府总管太监而设，因总管太监，欲挑选好脚进内当差，须到各戏园观剧，审查人才，以便选择，所以戏园，亦须特设官座也。

《都门汇纂》云：同治末年，北京之戏园三庆园，在大栅栏中间路南（现仍旧）。广德楼，在大栅栏西口路北（现仍旧）。庆和园，在大栅栏西口路北（光绪庚子前尚有，今无矣）。庆乐园，在大栅栏东口路北（现仍旧）。同乐轩，在大栅栏门框胡同路西（现依旧)。中和园,在粮食店北口路西(现仍旧,但已改半新式矣)。广和楼,在肉市北口路东(现仍旧)。裕兴园,在鲜鱼口抄手胡同路西(今无矣)。天乐园,在鲜鱼口小桥路南(现仍旧,但已改半新式)。广兴园,在崇文门外木厂胡同(现仍旧,惟前门在茶食胡同,广兴园大院,已租为织布厂矣)。芳草园,在齐化门外大街路西(此园鄙人尚见,今无矣)。隆和园,在齐化门外日坛对过(光绪庚子前已无矣)。德胜园,在德胜门外路西(今无矣)。阜城园,在阜城门外桥头路南(今无矣)。以上为纯正戏馆。此外又有:文昌馆,在铁门南头路西(现尚在)。汇元堂,在西珠市口路南(今无矣)。财神馆,在宣武门大街路西。福寿堂,在打磨广中间路北(现尚在)。天和馆,在煤市街南口外路北(光绪年间,由俞振庭等改建,名曰文明茶园)。燕喜堂,在北孝顺胡同路东(现尚在)。宴汇堂,在大栅栏中间路北(今无矣)。鹿鸣堂,在大蒋家胡同南口路东(今无矣)。天寿堂,在西珠市口东头路北(今尚在)。东麟堂,在樱桃斜街中间路南(今无矣)。景泰园,在隆福寺中间路北(今尚在)。泰华园,在东四牌楼南路东(今无矣)。万兴园,在西四牌楼北路东(今无矣)。以上十三处,从前虽为馆庄,然亦恒搭桌演戏,其余饭庄则多无戏台矣。

图书在版编目(CIP)数据

从谭鑫培到余叔岩/齐如山著.—合肥:黄山书社,2018.11
(回望丛书)
ISBN 978-7-5461-7795-3

Ⅰ.①从… Ⅱ.①齐… Ⅲ.①谭鑫培(1847-1917)-生平事迹 ②余叔岩(1890-1943)-生平事迹 Ⅳ.①K825.78

中国版本图书馆 CIP 数据核字(2018)第 272652 号

从谭鑫培到余叔岩 齐如山 著

出品人 贾兴权
策 划 陈志明 朱莉莉
责任编辑 郑 程
装帧设计 观止堂_未氓 孔舒琴
责任印制 李 磊
出版发行 时代出版传媒股份有限公司(http://www.press-mart.com)
黄山书社(http://www.hspress.cn)
地址邮编 安徽省合肥市蜀山区翡翠路 1118 号出版传媒广场 7 层 230071
印 刷 安徽国文彩印有限公司
版 次 2019 年 4 月第 1 版
印 次 2021 年 3 月第 3 次印刷
开 本 880mm × 1230mm 1/32
字 数 160 千字
印 张 8.75
书 号 ISBN 978-7-5461-7795-3
定 价 35.00 元

服务热线 0551-63533768
销售热线 0551-63533788
官方直营书店(https://hsss.tmall.com)